# OEUVRES
## DE
# MOLIERE

*ILLUSTRATIONS*
*PAR*

## JACQUES LEMAN

## LE MÉDECIN MALGRÉ LUY

### PARIS
CHEZ ÉMILE TESTARD ET Cⁱᵉ, ÉDITEURS
10, RUE DE CONDÉ

1890

OEUVRES

DE

# J.-B. P. DE MOLIÈRE

——

## LE MÉDECIN MALGRÉ LUY

# JUSTIFICATION DU TIRAGE

Il a été fait pour les Amateurs un tirage spécial sur papier de luxe à 550 exemplaires, numérotés à la presse.

|  |  |  | NUMÉROS |
|---|---|---|---|
| 125 exemplaires | | sur papier du Japon. | 1 à 125 |
| 75 | — | sur papier de Chine. | 126 à 200 |
| 150 | — | sur papier Vélin à la cuve. | 201 à 350 |
| 200 | — | sur papier Vergé de Hollande. | 351 à 550 |

# OEUVRES

## DE

# MOLIÈRE

*ILLUSTRATIONS*

PAR

## JACQUES LEMAN

*NOTICES*

PAR

ANATOLE DE MONTAIGLON

## PARIS

CHEZ EMILE TESTARD ET C$^{IE}$ EDITEURS

*10 RUE DE CONDÉ*

M.DCCC.LXXXVIII

# NOTICE
## DU MÉDECIN MALGRÉ LUY

UILLAUME Schlegel a trouvé, à la fois, deux choses bien étonnantes, que le *Misanthrope* était si ennuyeux qu'il était à peu près au-dessous de rien, et que la vraie comédie, le chef-d'œuvre comique était *le Roi de Cocagne*. Pas un Français, même ceux qui l'ont lu, ne s'en serait douté et ne s'en doutera jamais. Comme paradoxe, ce serait drôle ; mais mettre gravement au-dessus de Molière une vraie *Opérette* dépasse trop la mesure. La Pièce a eu son succès aux Français en 1718; elle le méritait. Sa bouffonnerie était spirituelle et d'une légèreté fantasque ; mais Legrand aurait été si surpris de tant d'honneur qu'il en aurait ri le premier, et le coup d'encensoir lui aurait paru plus compromettant que flatteur.

C'est grand dommage que Schlegel n'ait pas pris à partie le *Médecin malgré lui;* il aurait été capable de dire et de croire que ce n'était ni gai, ni comique. Son compatriote Goethe, qui admirait Molière et l'a dit plus d'une fois, même à propos du *Misanthrope,* n'était pas de cet avis, puisqu'il s'est donné le plaisir de jouer lui-même, en propre personne, le rôle de Lucas; il était trop intelligent pour être Olympien ce jour-là.

Le *Médecin malgré lui* a en effet pour lui la gaîté, la gaîté constante, la gaîté irrésistible; elle en est la maîtresse ; elle y éclate partout; elle y

coule de source. La Reine Christine de Suède, voyant, à son arrivée à
Rome, la magnificence des Fontaines, et croyant avoir affaire à des Eaux
qu'on faisait jouer pour elle comme on avait fait celles de Versailles,
dit naïvement, quand elle eut assez vu, qu'on pouvait fermer les robinets.
On lui répondit, à son grand étonnement, qu'il n'y en avait point et que
cela coulait toujours. La gaîté du *Médecin malgré lui* ne s'arrête pas plus
que les Fontaines de Rome.

On peut retrancher la scène de M. Robert, ce pauvre brave homme
battu par les gens qu'il s'efforce de calmer, et la scène de la Consultation
des Paysans, qu'on a parfois le tort de couper à la représentation. Ni l'une
ni l'autre ne sont en dehors de l'œuvre; on ne les attend pas, mais elles y
ajoutent. J'ai vu le *Médecin malgré lui* bien des fois, par des élèves encor
inexpérimentés, en Province par des Troupes de hasard, et c'était toujours parfaitement gai. Les acteurs s'amusaient, et le public aussi;
l'œuvre avait quand même sa valeur. Elle allait, elle courait; elle faisait
rire, de ce bon rire qui ne fait de mal à personne, et c'est une grande
condition pour une Pièce de Théâtre, légère ou profonde, plaisante ou
dramatique, c'est la marque de la vraie valeur, de pouvoir se passer
d'une exécution parfaite, de porter les interprètes et de se tenir en
quelque sorte toute seule. Le *Médecin malgré lui* est une Farce, mais
c'est une Farce de génie.

Quand l'interprétation est à la hauteur de l'œuvre, rien de mieux,
et elle a été excellente d'une façon continue, ce qui prouve que le rôle
inspire et porte à la fois.

Après Molière, l'histoire du Théâtre a gardé le nom de Rosimond,
qui lui a succédé dans presque tous ses rôles, puis, au XVIIIe siècle,
des deux Dugazon, du fils de Lesage, et de Préville. Mais que dire,
que savoir réellement des Acteurs, qui meurent en quelque sorte tout
entiers. Ils existent un certain temps dans le souvenir des contemporains
qui leur survivent; mais, pour la postérité, leur valeur, qui s'estompe et
devient vague, est presque aussi éteinte, aussi muette que leur voix, et
ce qu'on en a écrit en donne à peine l'idée.

Pour moi, j'ai vu autrefois aux Français bien des Acteurs jouer Sganarelle. Tous y étaient bons, excellents même, sans se ressembler et sans
être infidèles à l'esprit du texte. Monrose, — je parle du fils, n'ayant
jamais vu le père — y accusait la rudesse paysanne, presque jusqu'à la

brutalité. Samson, avec sa voix mince et fluette, y était finement spirituel et railleur à froid. Régnier, avec sa voix un peu sèche, y était plus franchement comique, plus fantasque, plus ardent et plus nerveux. Quant à Got, pour moi du moins, il a été l'idéal de Sganarelle, celui dont il me semble que Molière aurait été le plus content. Il y était si en dehors, si rond, si parfaitement bon enfant. Quand il lançait son latin invraisemblable; quand, en se renversant en arrière, il tombait avec son grand-fauteuil, la Salle entrait en joie. La chute traditionnelle du fauteuil est une parade de la Foire; d'accord, mais elle est bien dans le ton, dans l'esprit même du rôle, et doit être de la première heure. Le tout est de le faire si prestement, si gaîment, de se relever et de se reprendre comme si ce n'était pas arrivé, ce qui n'est pas facile et ne réussit qu'aux comédiens de race. Et, à la fin, les ahurissements attendris de Sganarelle quand on lui dit qu'il sera pendu, et son orgueil, bien plus malin que naïf, quand il dit à Martine . « Je te pardonne les coups de bâton, en « faveur de la dignité où tu m'as élevé, mais prépare-toy désormais « à vivre dans un grand respect avec un homme de ma conséquence. » C'était un enchantement, aussi bien pour ceux qui l'y avaient déjà vu que pour ceux qui l'y voyaient pour la première fois. Ceux-ci trouvaient la chose si simple qu'en en jouissant, ils ne pensaient pas à lui en savoir gré; c'est le vrai triomphe de la perfection, et rire, dans ce cas-là, vaut mieux encor qu'applaudir.

Quant à des détails du *Médecin*, l'on en pourrait citer qui viennent de l'Antiquité. Ainsi dans les *Chevaliers* d'Aristophane, le Charcutier Agoracrite devient un homme politique de la façon dont Sganarelle passe ses Licences et devient Médecin. Dans les *Acharniens*, le jargon de Preud'Artabas, le soi-disant Officier du Roi de Perse : *Jartaman exarx' anapissonai satra*, est aussi invraisemblable que *Cabricias arci thuram*. Mais tout cela n'est rien; les exemples de la Grammaire de Despautère et les Règles de la Logique Scolastique suffisaient et au delà. Montaigne n'avait-il pas dit : « La plus expresse marque de la Sagesse, c'est une réjouissance « constante ; son estat est, comme des choses au-dessus de la Lune, « toujours serein. C'est *Baroco* et *Baralipton* qui rendent les supposts des « Philosophes aussi crottez et enfumez ; ce n'est pas elle ; ils ne la con- « noissent que par ouï-dire. » Ces puérilités pénibles étaient encore de mise au dix-septième siècle. Galilée, le grand Galilée, ne s'est-il pas

*b*

imposé la peine de voiler l'une de ses découvertes dans des vers si énig-
matiques et si absolument incompréhensibles que personne n'a jamais
pu retrouver la place des lettres qu'il faudrait remettre en ordre pour
comprendre ce qu'il y a vraiment trop bien caché.

Quant à la Médecine, Xénophon, dans ses Mémoires sur Socrate,
avait déjà dit que les Médecins font leurs expériences sur ceux qu'ils
tuent, et Pline avait répété la même chose : « Discunt periculis nostris, et
experimenta per mortes agunt » ; c'est presque un lieu commun. Le « cœur
à gauche » n'en est pas un, mais, comme la Nature a parfois les variations
et les exceptions les plus étranges, au lieu d'être une invention plaisante, c'est un fait, dont on a cité plus d'un exemple. Sous Louis XIV,
dans la dissection du cadavre d'un condamné à mort faite à la Faculté de
Médecine, où les dissections étaient rares, on venait de le constater, et le
bruit avait été jusqu'au public. Guy Patin l'a écrit scientifiquement, dans
sa lettre à Falconet du 30 décembre 1650, et la *Gazette* elle-même en
avait parlé dans son numéro du 17. Pour Molière et pour ses specta-
teurs, c'était un souvenir récent et une allusion absolument contemporaine.

Lorsque Lucinde écrase le pauvre Géronte sous la volubilité de son
verbiage, la plaisanterie : « Monsieur, je vous prie de la faire redevenir
« muette. — C'est une chose qui m'est impossible ; tout ce que je puis
« faire pour vous est de vous rendre sourd, si vous voulez », vient
certainement de Rabelais. Son passage sur la Farce de *La Femme mute* est
trop célèbre pour faire autre chose que le rappeler.

A propos du reproche de Martine à son mari de vendre pièce à pièce
tout ce qui est dans le logis, la réponse de Sganarelle : « C'est vivre de
ménage, » n'est pas nouvelle, et l'on en a cité bien des exemples anté-
rieurs. En voici encore un autre de *La Vengeance des Femmes*, d'après le
*Recueil d'anciennes poësies Françoises des* XVe *et* XVIe *siècles* (VI, 177) :

> *Nous avons veu tant de bons mesnagers,*
> *Pour chopiner, se mettre en grands dangers,*
> *Vendre joyaux, mettre bagues en gage ;*
> *Eh bien, cela c'est vivre de mesnage.*

C'était une plaisanterie populaire et courante, toujours bonne à
replacer, surtout quand on la met en valeur.

S'il s'agit de la Pièce même, on a cité, comme origine, *L'Acier de Ma-*

*drid* de Lope de Vega, mais la ressemblance ne porte que sur un Valet qui fait le Médecin pour favoriser les amours de son Maître, ce qui, dans Molière, n'est qu'un détail. Le principal, c'est le Médecin à coups de bâton, et celui-là vient des raconteurs d'historiettes plus que de facéties.

Jusqu'ici, on ne l'a pas encore signalé dans les vieilles littératures orientales, d'où, à l'origine, il doit pourtant venir, comme tous les bons contes. Ce qu'on sait, c'est qu'au Moyen Age il est de bonne heure fréquent en Latin, mais sans développements. Le récit s'y résume en quelques phrases, brèves jusqu'à la sécheresse, qui ne sont qu'un cadre et un squelette; il vient, à l'état d'exemple inattendu, pour accompagner, pour appuyer un précepte moral et réveiller l'attention du lecteur ou de l'auditoire.

C'est de cette façon, purement incidente, qu'on le trouve, au XIIIe siècle, dans un des sermons du pieux cardinal Jacques de Vitry, célèbre dans l'histoire des Croisades; dans la *Compilatio singularis exemplorum*, connue par un manuscrit de la Bibliothèque de Tours; au XVe siècle, dans la *Mensa philosophica* de l'Irlandais Thibault Angilbert, au chapitre *De mulieribus* de son quatrième livre *De honestis ludis et jocis;* enfin, dans le recueil de moralités et de contes, écrit en Français par l'Anglais Boson, qui vient d'être révélé par la toute récente publication de la « Société des anciens textes », où il forme le quarante-quatrième exemple.

Dans le même XIIIe siècle, le sujet est devenu plus particulièrement Français. Ce n'est qu'au dix-huitième seulement qu'on a connu et publié pour la première fois *le Vilain Médecin, le Vilain Mire,* comme on disait alors, ou *le Médecin de Bray,* deux titres pour le même Fabliau, écrit dans la France du Nord.

Le Vilain Mire n'est pas Bûcheron et ne fait pas de fagots. C'est un riche Laboureur, qui, craignant « le mauvais sort », bat sa Femme pour qu'elle n'ait pas le temps de faire autre chose que de pleurer. Comme elle apprend qu'on cherche un Médecin pour guérir la fille du Roi qui a dans la gorge une arête de poisson, elle indique son Mari aux Messagers du Roi et leur donne la recette pour le faire convenir qu'il est Médecin.

Ce n'est pas qu'on ne trouve aussi l'histoire passée à l'étranger. Dans sa dixième Serée, notre Guillaume Bouchet, qui a toujours le détail de l'arête, donne à son héros le nom de Grillo. Cela prouve qu'il l'a pris au poème, en *ottava rima :* « Opera nuova, piacevole e da ridere da, un

« Villano, Lavoratore, nominato Grillo, quale volse diventar Medico, in
« rima istoriata », imprimé à Venise en 1521, 1527, 1552, réimprimé
en 1622, et qu'en 1739 le Ferrarais Girolamo Baruffaldi a délayé en dix
Chants.

Il est curieux de rappeler, dans le *Voyage en Moscovie* d'Adam Olearius,
traduit en Français en 1646, l'histoire du Boyard que, sur l'avis donné
par sa Femme, le Grand-Duc Boris Godenow, malade de la goutte, fait
fouetter jusqu'à ce qu'il le guérisse; mais il faut absolument laisser de côté
la *Facétie* du Pogge et, à sa suite, le conte du livre de *Tiel l'Espiègle*, répété,
d'après Pogge, dans la trentième Série de Bouchet et dans le Poème de
Grillo, où, pour débarrasser un Cardinal des malades qu'il devait entre-
tenir à ses frais dans un Hôpital, un faux Médecin les fait partir en
disant que, pour les guérir tous, on fera brûler le plus malade, et tous se
sauvent. C'est une autre donnée, qui n'a rien à faire avec le *Médecin
malgré lui*.

Dans cette genèse antérieure, le thème est tout entier dans les coups
de bâton; Molière y a ajouté sur la Médecine tout un côté plaisant qui
devient l'important, mais on ne voit pas où Molière a pris son idée. Il
ignorait les Contes latins du Moyen Age; il n'a pas connu le Fabliau, le
seul qui eut été digne d'être son point de départ, et, si le conte se
retrouvait dans les Sermonnaires plus récents, si fréquemment imprimés à
la fin du xvᵉ siècle et dans la première moitié du suivant, Molière ne
devait guère lire la lettre gothique. Si même il y a eu, ce qui serait très
naturel, une Farce sur ce sujet — les Farces ne sont, le plus souvent,
que des Fabliaux habillés en dialogue — nous ne la possédons pas ;
nous en avons tant perdu, mais Molière, excepté *Pathelin*, n'a dû en
connaître aucune. Seulement, il se pourrait bien que, de l'un en l'autre,
aux veillées ou sur les tréteaux, elle fût restée populaire, et Molière l'a
peut-être entendue, de la bouche des Farceurs, dans les parades des Gui-
gnols du Pont-Neuf. Cela pouvait bien lui suffire pour voir ce qu'il en
pourrait tirer, et c'est plus naturel à supposer qu'une Farce Italienne,
d'ailleurs inconnue.

La chanson de Sganarelle n'est pas non plus servilement traduite
d'une épigramme latine, qui serait imitée de l'*Anthologie*. Le Président
Rose, c'est-à-dire Toussaint Rose — surtout fameux comme Secrétaire
de la main, par conséquent fort honnête homme, qualité plus que

nécessaire pour écrire et signer à la place du Roi — était Président à la Chambre des Comptes depuis 1661; après la mort de Molière, il a même été de l'Académie Française, en 1675, pour lui avoir, dès 1667, obtenu de haranguer le Roi comme les Cours souveraines. C'était d'ailleurs, au dire de Saint-Simon, un « homme de beaucoup de lettres », et un fort bon latiniste, si nous en jugeons par sa jolie traduction :

> *Quam dulces,*
> *Amphora amena,*
> *Quam dulces*
> *Sunt tuæ voces ?*
> *Dum fundis merum in calices,*
> *Utinam semper esses plena.*
> *Ah, ah, cara mea lagena,*
> *Vacua cur jaces ?*

Jamais Molière, ni Boileau n'ont pu un instant prendre pour du vieux latin des vers syllabiques, rimés comme les Hymnes et les Proses de l'Église du Moyen Age, mais la plaisanterie n'en était pas moins fine et de très bon goût; ils ont dû s'en fort amuser en petit comité.

Par contre, Molière s'est certainement imité lui-même ; nous connaissons, d'une façon certaine, l'existence d'un canevas antérieur. L'inestimable Registre de La Grange est là-dessus formel, quand il cite, à la date du 4 Septembre 1661, *Le Fagottier*, et, à celle du 9 Septembre 1664, *Le Fagoteux.* C'est sous le titre du *Médecin par force* que Robinet et Subligny, dans leurs Lettres des 15 et 26 Août 1666, constatent le succès de la grande Pièce, c'est aussi celui que Bossuet et Grimarest répéteront plus tard; mais La Grange, en 1669, appelle le *Médecin* « Le Fagottier » par souvenir de la première esquisse. Dans celle-ci, il devait y avoir plus de coups de bâton, et cela devait être dans le goût du *Médecin volant.*

Raison de plus pour supposer que Molière l'avait pris, en lui donnant déjà plus de développement et en le faisant monter jusqu'à la Comédie, à quelque grosse parade des Farceurs populaires, et il se pourrait que son *Fagoteux* eût déjà fait partie du répertoire de ses pérégrinations provinciales.

On a beaucoup discuté sur la date de la première représentation du

*Médecin*, et l'on a trop dit que, le *Misanthrope* n'ayant pas eu de succès, ce qui n'est pas vrai, Molière avait été forcé de le soutenir par autre chose, dès la quatrième représentation, c'est-à-dire le 11 juin 1666. La critique a éclairci la petite énigme. Le *Médecin* a été joué, sur la scène du Palais-Royal, le 3 septembre, avec la vingtième représentation du *Misanthrope*.

A l'étranger, *Le Fagoteux* a fait son tour d'Europe.

En Angleterre, c'est Mistress Susanna Centlivre qui donne, à Drury-Lane, en 1703, *Love's contrivance, or le Médecin malgré lui*, en croyant le corser par une intrigue qui la noie, et en augmenter la gaîté en grossissant les plaisanteries : « Les Français », dit-elle, « ont, dans le tempérament, une gaîté si légère que la moindre lueur d'esprit les fait rire aux éclats, tandis qu'elle nous ferait tout juste sourire » ; on ne saurait se mieux condamner soi-même.

Dans *The mock Doctor, or the dumb Lady Cured* ou *Le faux Médecin*, — *La guérison de la muette*, — joué à Drury-Lane en 1732, Fielding a été moins infidèle à Molière. L'auteur de *Tom Jones* était de nature un meilleur juge en fait de gaîté, comme aussi, presque de nos jours, l'Espagnol Leandro Fernandez de Moratin, mort en 1828, dont *El Medico a palos* — *Le Médecin à coups de bâton*, joué à Barcelone en 1814, est, malgré de légères modifications et dans un charmant style, bien dans le sens de l'original.

On a cité aussi *Le voyage à la Source* du Danois Holberg, mais où il y a encore plus de traces des *Folies amoureuses* de Regnard que du *Médecin malgré lui*.

En somme, les traductions ont popularisé l'œuvre à l'étranger plus que n'ont fait les imitations, et, de nos jours, il y en a de bien curieuses et d'inattendues, ainsi celles en Magyare, en Grec moderne et surtout celles en Arménien et en Turc. C'est tout un nouveau public.

La Musique n'a pas oublié le *Fagottier*. Désaugiers a fait jouer en 1792, au Théâtre Feydeau, un opéra-comique du *Médecin malgré lui*, en trois actes, dont la partie musicale était de son père ; les timbres des couplets de celui-ci ont été employés plus tard dans les Vaudevilles du fils, mais la pièce, qui n'a pas été imprimée, a complètement disparu. De nos jours, en 1858, au Théâtre Lyrique, Gounod s'est amusé à broder de charmantes mélodies, d'un archaïsme voulu et dont l'habileté reste légère, sur la Pièce du vieux Poquelin qui, de son temps, avait déjà la musique de ses deux ballets. Si celui-ci, au lieu de donner son *Médecin* à la Ville, avait eu à le présenter dans quelque Fête de la Cour, il aurait mis la musique aux mêmes places. Il n'y a d'autre changement que d'avoir emprunté des vers de *Mélicerte* et de *la Princesse d'Elide*, et d'avoir, çà et là, rimé quelques lignes de prose, pour avoir des airs, des duos et des chœurs. Le couplet :

> *Sans nous tous les hommes*
> *Deviendraient mal sains,*
> *Et c'est nous qui sommes*
> *Les grands Médecins*

est resté populaire et les additions sont si justement insérées qu'elles sont naturelles et que, loin d'être une profanation, elles sont un hommage pour l'œuvre qu'elles accompagnent et à laquelle elles donnent comme une nouvelle jeunesse.

La même chose est arrivée à *l'Amour Médecin* avec l'élégante musique de Poise, et elle arrivera au *Sicilien* quand il en aura une digne de lui. Du reste, ce ne sont pas les seuls exemples d'une musique qui se marie à un premier texte et ne s'en détache plus. Dans le très grand art, *Athalie* est certainement plus belle avec les Chœurs de Mendelssohn, et, avec les pantoufles de la Farce, *le Sourd ou l'Auberge pleine* est un des exemples les plus frappants qu'on en puisse avoir. La Pièce de Desforges est si alerte et si gaie qu'elle a été reprise bien souvent, et toujours avec un nouveau succès de rires. Mais, quand Adolphe Adam y a ajouté sa musique, au lieu d'en ralentir la vivacité et d'en atténuer le comique, elle y a encore ajouté. Il semble aujourd'hui que la Pièce n'a jamais été et ne peut plus être autrement ; si, en la reprenant, ce qui n'est jamais bien long, on en revenait au premier texte, il lui manquerait quelque chose, et Desforges, s'il avait pu l'entendre, aurait regretté de ne pas l'avoir eue dès le premier jour ; les deux choses n'en font plus qu'une et sont devenues inséparables.

Revenant à notre *Médecin*, on est en droit de s'étonner de ne plus entendre au Théatre la partition de Gounod. Au lieu d'une reprise formelle, à la suite de laquelle l'œuvre se tairait de nouveau, elle mériterait d'être du répertoire courant et de se mêler aux nouveautés.

On le voit, la Farce de Molière a une histoire, aussi bien que des Pièces plus importantes. Elle est si bien vivante qu'il n'est pas question pour elle de mourir, et son histoire se continuera aussi bien à l'étranger qu'en France,

*Pour ce que rire est le propre de l'homme.*

ANATOLE DE MONTAIGLON.

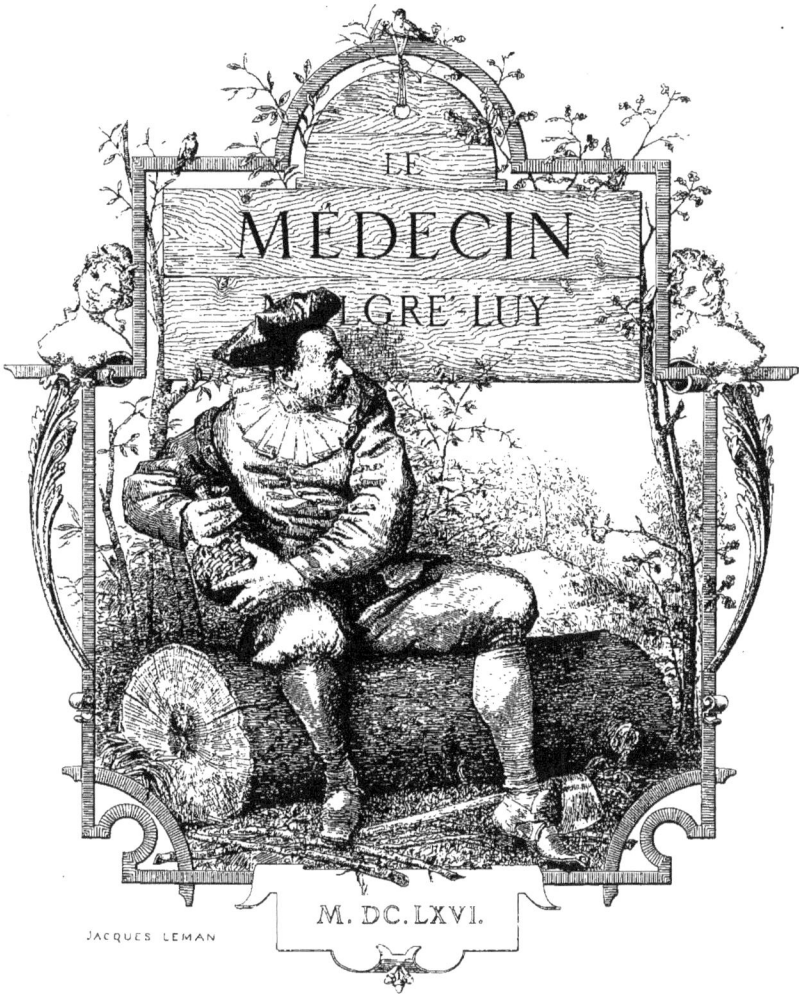

# LE MÉDECIN
## MALGRE-LUY

JACQUES LEMAN

M. DC. LXVI.

LE MÉDECIN MALGRÉ LUY

LE

# MEDECIN

## MALGRE-LUY

*COMEDIE*

PAR

# J.B.P. DE MOLIERE

A PARIS

CHEZ JEAN RIBOU AU PALAIS

SUR LE GRAND PERON

*VIS A VIS LA PORTE DE L'EGLISE DE LA SAINCTE CHAPELLE*

A L'IMAGE S. LOUIS

M. DC. LXVII.
AVEC PRIVILEGE DU ROY

*Extraict du Privilège du Roy.*

Par Grâce et Privilège du Roy, donné à Paris le 8ᵉ jour d'Octobre 1666, signé : « Par le Roy en son Conseil, *Guitonneau* », il est permis à JEAN-BAPTISTE POCQUELIN DE MOLIÈRE, Comédien de la Troupe de nostre très Cher et très Amé Frère Unique le Duc d'Orléans, de faire imprimer, vendre et débiter une Comédie par luy composée, intitulée *Le Médecin malgré luy*, pendant sept années ; et deffences sont faites à tous autres de l'imprimer, ny vendre d'autre Édition que celle de l'Exposant, ou de ceux qui auront droict de luy, à peine de quinze cens livres d'amande, confiscation des Exemplaires, et de tous despens, dommages et intérests, comme il est porté plus amplement par lesdites Lettres.

Registré sur le Livre de la Communauté.

*Signé :* PIGET, Sindic.

Et ledit Sieur de MOLIÈRE a cédé et transporté son droict de Privilège à *Jean Ribou*, Marchand Libraire à Paris, pour en jouir suivant l'accord fait entre eux.

Achevé d'imprimer, pour la première fois, le 24 Décembre 1666.

XVII.                                                                    I

# ACTEURS

SGANARELLE, Mari de Martine.

MARTINE, Femme de Sganarelle.

M. ROBERT, Voisin de Sganarelle.

VALÈRE, Domestique de Géronte.

LUCAS, Mari de Jacqueline.

GÉRONTE, Père de Lucinde.

JACQUELINE, Nourrice chez Géronte,
et Femme de Lucas.

LUCINDE, Fille de Géronte.

LÉANDRE, Amant de Lucinde.

THIBAUT, Père de Perrin.

PERRIN, Fils de Thibaut, païsan.

JACQUES LEMAN.

# LE MÉDECIN MALGRE'-LUY
## COMÉDIE
### M.DC.LXVI.

# ACTE PREMIER

## SCÈNE PREMIÈRE

SGANARELLE, MARTINE *paroissant sur le Théâtre en se querellant.*

### SGANARELLE

ON, je te dy que je n'en veux rien faire, et que c'est à moy de parler, et d'estre le Maistre.

### MARTINE

Et je te dy, moy, que je veux que tu vives à ma fantaisie, et que je ne me suis point mariée avec toy pour souffrir tes fredaines.

### SGANARELLE

Oh, la grande fatigue que d'avoir une Femme, et qu'Aristote a bien raison, quand il dit qu'une Femme est pire qu'un Démon!

### MARTINE

Voyez un peu l'habile homme, avec son benest d'Aristote.

### SGANARELLE

Ouy, habile homme. Trouve-moy un faiseur de fagots qui sçache, comme moy, raisonner des choses, qui ait servy, six ans, un fameux Médecin, et qui ait sçeu, dans son jeune âge, son Rudiment par cœur.

### MARTINE

Peste du fou fieffé.

### SGANARELLE

Peste de la carogne.

### MARTINE

Que maudit soit l'heure, et le jour, où je m'avisay d'aller dire ouy!

### SGANARELLE

Que maudit soit le becque-cornu de Notaire qui me fit signer ma ruine!

### MARTINE

C'est bien à toy, vrayment, à te plaindre de cette

affaire. Devrois-tu estre un seul moment sans rendre
grâces au Ciel de m'avoir pour ta Femme, et méritois-
tu d'épouser une personne comme moy?

### SGANARELLE

Il est vray que tu me fis trop d'honneur, et que j'eûs
lieu de me louer la première nuict de nos Nopces?
Hé, morbleu, ne me fais point parler là-dessus. Je
dirois de certaines choses...

### MARTINE

Quoi! Que dirois-tu?

### SGANARELLE

Baste! laissons là ce chapitre. Il suffit que nous sçavons ce que nous sçavons, et que tu fus bien heureuse
de me trouver.

### MARTINE

Qu'appelles-tu bien heureuse de te trouver? Un
homme qui me réduit à l'Hospital, un desbauché, un
traistre, qui me mange tout ce que j'ay...

### SGANARELLE

Tu as menty; j'en boy une bonne partie.

### MARTINE

Qui me vend, pièce à pièce, tout ce qui est dans le
Logis...

SGANARELLE

C'est vivre de ménage.

MARTINE

Qui m'a osté jusqu'au lict que j'avois!

SGANARELLE

Tu t'en lèveras plus matin.

MARTINE

Enfin, qui ne laisse aucun meuble dans toute la maison...

SGANARELLE

On en déménage plus aisément.

MARTINE

Et qui, du matin jusqu'au soir, ne fait que jouer, et que boire!

SGANARELLE

C'est pour ne me point ennuïer.

MARTINE

Et que veux-tu, pendant ce temps, que je fasse avec ma Famille?

SGANARELLE

Tout ce qu'il te plaira.

MARTINE

J'ay quatre pauvres petits enfants sur les bras...

SGANARELLE

Mets-les à terre.

MARTINE

Qui me demandent, à toute heure, du pain.

SGANARELLE

Donne-leur le fouet. Quand j'ay bien beu, et bien mangé, je veux que tout le monde soit saoul dans ma maison.

MARTINE

Et tu prétens, yvrogne, que les choses aillent tousjours de mesme...

SGANARELLE

Ma Femme, allons tout doucement, s'il vous plaist.

MARTINE

Que j'endure éternellement tes insolences et tes débauches...

SGANARELLE

Ne nous emportons point, ma Femme.

MARTINE

Et que je ne sçache pas trouver le moyen de te ranger à ton devoir?

SGANARELLE

Ma Femme, vous sçavez que je n'ay pas l'âme endurante, et que j'ay le bras assez bon.

MARTINE

Je me mocque de tes menaces.

SGANARELLE

Ma petite Femme, ma mie, vostre peau vous démange, à vostre ordinaire.

MARTINE

Je te montreray bien que je ne te crains nullement.

SGANARELLE

Ma chère Moitié, vous avez envie de me dérober quelque chose.

MARTINE

Crois-tu que je m'épouvante de tes paroles?

SGANARELLE

Doux objet de mes vœux, je vous frotteray les oreilles.

MARTINE

Yvrogne que tu es!

SGANARELLE

Je vous battray.

MARTINE

Sac à vin...

SGANARELLE

Je vous rosseray.

MARTINE

Infâme...

SGANARELLE

Je vous estrilleray.

MARTINE

Traistre, insolent, trompeur, lâche, coquin,, pendard, gueux, belistre, fripon, maraut, voleur!...

SGANARELLE

Ah! vous en voulez donc?

*Il prend un baston, et luy en donne.*

MARTINE

Ah! ah! ah! ah!

SGANARELLE

Voilà le vray moyen de vous appaiser.


SCÈNE II

MONSIEUR ROBERT, SGANARELLE, MARTINE

M. ROBERT

Holà! holà! holà! Fy! Qu'est-ce cy? Quelle infamie! Peste soit le Coquin, de battre ainsi sa Femme!

MARTINE, *les mains sur les costez, luy parle en le faisant reculer et,*
*à la fin, luy donne un souflet.*

Et je veux qu'il me batte, moy.

M. ROBERT

Ah! j'y consens de tout mon cœur.

XVII.                                              2

MARTINE

De quoy vous meslez-vous ?

M. ROBERT

J'ay tort.

MARTINE

Est-ce là vostre affaire ?

M. ROBERT

Vous avez raison.

MARTINE

Voyez un peu cet impertinent, qui veut empescher les Maris de battre leurs Femmes!

M. ROBERT

Je me rétracte.

MARTINE

Qu'avez-vous à voir là-dessus?

M. ROBERT

Rien.

MARTINE

Est-ce à vous d'y mettre le nez?

M. ROBERT

Non.

MARTINE

Meslez-vous de vos affaires.

M. ROBERT

Je ne dy plus mot.

MARTINE

Il me plaist d'estre battue.

M. ROBERT

D'accord.

MARTINE

Ce n'est pas à vos despens.

M. ROBERT

Il est vray.

MARTINE

Et vous estes un sot de venir vous fourrer où vous n'avez que faire.

M. ROBERT

*Il passe, ensuite, vers le Mary, qui, pareillement, luy parle tousjours, en le faisant reculer, le frape avec le même baston et le met en fuite. Il dit à la fin :*

Compère, je vous demande pardon de tout mon cœur. Faites, rossez, battez, comme il faut, vostre Femme; je vous aideray, si vous le voulez.

SGANARELLE

Il ne me plaist pas, moy.

M. ROBERT

Ah, c'est une autre chose.

SGANARELLE

Je la veux battre, si je le veux, et ne la veux pas battre, si je ne le veux pas.

M. ROBERT

Fort bien.

SGANARELLE

C'est ma Femme, et non pas la vostre.

M. ROBERT

Sans doute.

SGANARELLE

Vous n'avez rien à me commander.

M. ROBERT

D'accord.

SGANARELLE

Je n'ay que faire de vostre aide.

M. ROBERT

Très volontiers.

SGANARELLE

Et vous estes un Impertinent de vous ingérer des affaires d'autruy. Apprenez que Cicéron dit qu'entre l'arbre et le doigt il ne faut point mettre l'escorce.

*Ensuite, il revient vers sa Femme, et luy dit, en luy prenant la main :*

O çà, faisons la paix, nous deux. Touche là.

MARTINE

Ouy, après m'avoir ainsi battue!

SGANARELLE

Cela n'est rien. Touche.

MARTINE

Je ne veux pas.

SGANARELLE

Eh!

MARTINE

Non.

SGANARELLE

Ma petite Femme...

MARTINE

Point.

SGANARELLE

Allons, te dis-je.

MARTINE

Je n'en feray rien.

SGANARELLE

Vien, vien, vien.

MARTINE

Non. Je veux estre en colère.

SGANARELLE

Fy, c'est une bagatelle. Allons, allons.

MARTINE

Laisse-moy là.

SGANARELLE

Touche, te dy-je.

MARTINE

Tu m'as trop mal traitée.

SGANARELLE

Hé bien, va, je te demande pardon; mets là ta main.

MARTINE

Je te pardonne, — *Elle dit le reste bas* — mais tu le payeras.

SGANARELLE

Tu es une folle de prendre garde à cela. Ce sont
petites choses qui sont, de temps en temps, nécessaires
dans l'Amitié, et cinq ou six coups de baston, entre
gens qui s'aiment, ne font que ragaillardir l'affection.
Va, je m'en vais au Bois, et je te promets, aujour-
d'huy, plus d'un cent de fagots.

## SCÈNE III

MARTINE, *seule.*

Va, quelque mine que je fasse, je n'oublie pas mon
ressentiment, et je brûle, en moy-mesme, de trouver
les moyens de te punir des coups que tu me donnes.
Je sçay bien qu'une Femme a toûjours dans les mains
de quoy se vanger d'un Mary; mais c'est une punition
trop délicate pour mon Pendart. Je veux une vangeance
qui se fasse un peu mieux sentir, et ce n'est pas contentement pour l'injure que j'ay reçeue.

## SCÈNE IV

### VALÈRE, LUCAS, MARTINE *

#### LUCAS

Parguenne, j'avons pris là tous deux une guèble de commission, et je ne sçay pas, moy, ce que je pensons attraper.

#### VALÈRE

Que veux-tu, mon pauvre Nourricier? Il faut bien obéir à nostre Maistre, et puis, nous avons intérest, l'un et l'autre, à la santé de sa Fille, nostre Maistresse, et sans doute son Mariage, différé par sa maladie, nous vaudroit quelque récompense. Horace, qui est libéral, a bonne part aux prétentions qu'on peut avoir sur sa personne, et, quoiqu'elle ait fait voir de l'amitié pour un certain Léandre, tu sçais bien que son Père n'a jamais voulu consentir à le recevoir pour son Gendre.

#### MARTINE, *resvant à part elle.*

Ne puis-je point trouver quelque invention pour me vanger?

#### LUCAS

Mais quelle fantaisie s'est-il bouté là dans la teste, puisque les Médecins y avont tous pardu leur Latin?

### VALÈRE

On trouve quelquefois, à force de chercher, ce qu'on
ne trouve pas d'abord; et souvent en de simples lieux...

### MARTINE

Ouy, il faut que je m'en vange à quelque prix que
ce soit. Ces coups de baston me reviennent au cœur;
je ne les sçaurois digérer, et...

*Elle dit tout cecy en rêvant, de sorte que, ne prenant pas garde à ces deux Hommes,
elle les heurte en se retournant, et leur dit :*

Ah! Messieurs, je vous demande pardon; je ne vous
voïois pas, et cherchois dans ma teste quelque chose
qui m'embarasse.

### VALÈRE

Chacun a ses soins dans le Monde, et nous cherchons, aussi, ce que nous voudrions bien trouver.

### MARTINE

Seroit-ce quelque chose où je vous puisse ayder?

### VALÈRE

Cela se pourroit faire, et nous taschons de rencontrer quelque habile Homme, quelque Médecin parti-
culier, qui pûst donner quelque soulagement à la Fille
de nostre Maistre, attaquée d'une maladie qui luy a
osté, tout d'un coup, l'usage de la langue. Plusieurs
Médecins ont déjà espuisé toute leur Science après elle;
mais on trouve, par fois, des Gens avec des Secrets

admirables, de certains Remèdes particuliers, qui font,
le plus souvent, ce que les autres n'ont sçeu faire, et
c'est là ce que nous cherchons.

MARTINE
*Elle dit ces trois premières lignes bas :*

Ah! que le Ciel m'inspire une admirable invention
pour me vanger de mon pendart!

*Haut :*

Vous ne pouviez jamais vous mieux adresser pour
rencontrer ce que vous cherchez, et nous avons, icy,
un Homme, le plus merveilleux Homme du Monde
pour les Maladies désespérées.

VALÈRE
Et, de grâce, où pouvons-nous le rencontrer?

MARTINE
Vous le trouverez, maintenant, vers ce petit lieu
que voilà, qui s'amuse à couper du bois.

LUCAS
Un Médecin qui coupe du bois!

VALÈRE
Qui s'amuse à cueillir des Simples, voulez-vous
dire?

MARTINE
Non. C'est un Homme extraordinaire, qui se plaist
à cela, fantasque, bizarre, quinteux, et que vous ne
prendriez jamais pour ce qu'il est. Il va, vestu d'une

XVII.                                    3

façon extravagante, affecte, quelquefois, de paroistre ignorant, tient sa Science renfermée, et ne fuit rien tant, tous les jours, que d'exercer les merveilleux talens qu'il a eus du Ciel pour la Médecine.

### VALÈRE

C'est une chose admirable, que tous les grands Hommes ont tousjours du caprice, quelque petit grain de folie meslé à leur science.

### MARTINE

La folie de celui-cy est plus grande qu'on ne peut croire; car elle va parfois jusqu'à vouloir estre battu, pour demeurer d'accord de sa capacité, et je vous donne avis que vous n'en viendrez point à bout, qu'il n'avouera jamais qu'il est Médecin, s'il se le met en fantaisie, que vous ne preniez chacun un baston, et ne le réduisiez, à force de coups, à vous confesser, à la fin, ce qu'il vous cachera d'abord. C'est ainsi que nous en usons, quand nous avons besoin de luy.

### VALÈRE

Voilà une estrange folie!

### MARTINE

Il est vray; mais, après cela, vous verrez qu'il fait des merveilles.

### VALÈRE

Comment s'appelle-t-il ?

MARTINE

Il s'appelle Sganarelle; mais il est aisé à connoistre.
C'est un homme qui a une large barbe noire, et qui
porte une fraise, avec un habit jaune et vert. .

LUCAS

Un habit jaune et vart! C'est donc le Médecin des
Paroquets?

VALÈRE

Mais est-il bien vray qu'il soit si habile que vous
le dites?

MARTINE

Comment? C'est un homme qui fait des miracles.
Il y a six mois qu'une femme fut abandonnée de tous
les autres Médecins. On la tenoit morte, il y avoit
desjà six heures, et l'on se disposoit à l'ensevelir, lors
qu'on y fist venir, de force, l'Homme dont nous parlons. Il luy mit, l'ayant veue, une petite goutte de je
ne sçay quoy dans la bouche, et, dans le même instant, elle se leva de son lict, et se mit, aussi-tost, à se
promener dans sa chambre, comme si de rien n'eust
esté.

LUCAS

Ah!

VALÈRE

Il falloit que ce fust quelque goute d'Or potable.

MARTINE

Cela pourroit bien estre. — Il n'y a pas trois

semaines, encore, qu'un jeune Enfant de douze ans
tomba du haut du Clocher en bas, et se brisa, sur le
pavé, la teste, les bras et les jambes. On n'y eut pas
plus-tost amené nostre Homme, qu'il le frotta, par
tout le corps, d'un certain onguent qu'il sçait faire; et
l'Enfant, aussi-tost, se leva sur ses pieds, et courut jouer
à la fossette.

LUCAS

Ah!

VALÈRE

Il faut que cet Homme-là ait la Médecine univer-
selle.

MARTINE

Qui en doute?

LUCAS

Testigué, velà justement l'homme qu'il nous faut.
Allons viste le charcher.

VALÈRE

Nous vous remercions du plaisir que vous nous
faites.

MARTINE

Mais souvenez-vous bien, au moins, de l'avertisse-
ment que je vous ay donné.

LUCAS

Eh! morguenne, laissez-nous faire. S'il ne tient qu'à
battre, la vache est à nous.

VALÈRE

Nous sommes bien heureux d'avoir fait cette rencontre; et j'en conçois, pour moy, la meilleure espé-
rance du Monde.

## SCÈNE V

### SGANARELLE, VALÈRE, LUCAS

SGANARELLE *entre sur le Théâtre en chantant et tenant une bouteille.*

*La, la, la.*

VALÈRE

J'entens quelqu'un qui chante, et qui coupe du bois.

SGANARELLE

*La, la, la...* Ma foy, c'est assez travaillé pour un
coup. Prenons un peu d'haleine.

*Il boit, et dit après avoir bu :*

Voilà du bois qui est salé comme tous les Diables.

> *Qu'ils sont doux,*
> *Bouteille jolie,*
> *Qu'ils sont doux,*
> *Vos petits glou-gloux !*
> *Mais mon sort feroit bien des jaloux,*
> *Si vous estiez toûjours remplie.*
> *Ah! Bouteille ma mie,*
> *Pourquoy vous vuidez-vous?*

Allons, morbleu, il ne faut point engendrer de mé-
lancolie.

VALÈRE

Le voilà luy-mesme.

LUCAS

Je pense que vous dites vray, et que j'avons bouté
le nez dessus.

VALÈRE

Voyons de près.

SGANARELLE *les appercevant, les regarde, en se tournant vers l'un,*
*et puis vers l'autre, et, abaissant sa voix, dit :*

Ah ! ma petite friponne, que je t'aime, mon petit
bouchon !

*Mon sort... feroit... bien des... jaloux,*
*Si...*

Que Diable ! à qui en veulent ces gens-là ?

VALÈRE

C'est luy assurément.

LUCAS

Le velà tout craché comme on nous l'a défiguré.

SGANARELLE *à part.*

*Icy il pose sa bouteille à terre, et, Valère se baissant pour le saluer, comme il croit que c'est à dessein de la prendre, il la met de l'autre costé. En suite de quoy, Lucas faisant la même chose que Valère, il la reprend, et la tient contre son estomach, avec divers gestes qui font un grand jeu de Théâtre.*

Ils consultent en me regardant. Quel dessein
auroient-ils ?

VALÈRE

Monsieur, n'est-ce pas vous qui vous appellez Sganarelle ?

SGANARELLE

Eh quoy ?

VALÈRE

Je vous demande si ce n'est pas vous qui se
nomme Sganarelle ?

SGANARELLE *se tournant vers Valère, puis vers Lucas.*

Ouy et non, selon ce que vous luy voulez.

VALÈRE

Nous ne voulons que luy faire toutes les civilitez
que nous pourrons.

SGANARELLE

En ce cas, c'est moy qui se nomme Sganarelle.

VALÈRE

Monsieur, nous sommes ravis de vous voir. On
nous a adressez à vous pour ce que nous cherchons ;
et nous venons implorer vostre ayde, dont nous avons
besoin.

SGANARELLE

Si c'est quelque chose, Messieurs, qui dépende de
mon petit Négoce, je suis tout prest à vous rendre
service.

### VALÈRE

Monsieur, c'est trop de grâce que vous nous faites. Mais, Monsieur, couvrez-vous, s'il vous plaist; le soleil pourroit vous incommoder.

### LUCAS

Monsieu, boutez dessus.

### SGANARELLE, *bas* :

Voicy des gens bien pleins de cérémonie.

### VALÈRE

Monsieur, il ne faut pas trouver estrange que nous venions à vous; les habiles gens sont tousjours recherchez, et nous sommes instruits de vostre capacité...

### SGANARELLE

Il est vray, Messieurs, que je suis le premier Homme du Monde pour faire des fagots.

### VALÈRE

Ah! Monsieur...

### SGANARELLE

Je n'y espargne aucune chose, et les fais d'une façon qu'il n'y a rien à dire.

### VALÈRE

Monsieur, ce n'est pas cela dont il est question.

### SGANARELLE

Mais aussi je les vends cent dix sols le cent.

VALÈRE

Ne parlons point de cela, s'il vous plaist.

SGANARELLE

Je vous promets que je ne sçaurois les donner à
moins.

VALÈRE

Monsieur, nous sçavons les choses.

SGANARELLE

Si vous sçavez les choses, vous sçavez que je les
vens cela.

VALÈRE

Monsieur, c'est se mocquer, que...

SGANARELLE

Je ne me mocque point, je n'en puis rien rabattre.

VALÈRE

Parlons d'autre façon, de grâce.

SGANARELLE

Vous en pourrez trouver autre part à moins. Il y a
fagots et fagots; mais, pour ceux que je fais...

VALÈRE

Eh! Monsieur, laissons là ce discours.

SGANARELLE

Je vous jure que vous ne les auriez pas, s'il s'en
falloit un Double.

XVII.	4

VALÈRE

Eh fy!

SGANARELLE

Non, en conscience; vous en payerez cela. Je vous parle sincèrement, et ne suis pas Homme à surfaire.

VALÈRE

Faut-il, Monsieur, qu'une personne comme vous s'amuse à ces grossières feintes? s'abaisse à parler de la sorte? qu'un Homme si sçavant, un fameux Médecin comme vous estes, veuille se desguiser aux yeux du Monde, et tenir enterrez les beaux talens qu'il a?

SGANARELLE, *à part :*

Il est fou.

VALÈRE

De grâce, Monsieur, ne dissimulez point avec nous.

SGANARELLE

Comment?

LUCAS

Tout ce tripotage ne sart de rian; je sçavons çen que je sçavons.

SGANARELLE

Quoy donc? Que me voulez-vous dire? Pour qui me prenez-vous?

VALÈRE

Pour ce que vous estes, pour un grand Médecin.

### SGANARELLE

Médecin vous mesme; je ne le suis point, et ne l'ay jamais esté.

### VALÈRE, *bas :*

Voilà sa folie qui le tient. *Haut :* Monsieur, ne veuillez point nier les choses davantage; et n'en venons point, s'il vous plaist, à de fascheuses extrémitez.

### SGANARELLE

A quoy donc?

### VALÈRE

A de certaines choses, dont nous serions marris.

### SGANARELLE

Parbleu! venez-en à tout ce qu'il vous plaira; je ne suis point Médecin, et ne sçay ce que vous me voulez dire.

### VALÈRE, *bas :*

Je voy bien qu'il faut se servir du remède. *Haut :* Monsieur, encor un coup, je vous prie d'avouer ce que vous estes.

### LUCAS

Et testigué, ne lantiponez point davantage, et confessez à la franquette que v'estes Médecin.

### SGANARELLE

J'enrage.

### VALÈRE

A quoy bon nier ce qu'on sçait?

LUCAS

Pourquoy toutes ces fraimes-là ? A quoy est-ce que
ça vous sart ?

SGANARELLE

Messieurs, en un mot, autant qu'en deux mille, je
vous dy que je ne suis point Médecin.

VALÈRE

Vous n'estes point Médecin ?

SGANARELLE

Non.

LUCAS

V' n'estes pas Médecin ?

SGANARELLE

Non, vous dy-je.

VALÈRE

Puisque vous le voulez, il faut s'y résoudre.

*Ils prennent un baston, et le frappent.*

SGANARELLE

Ah! ah! ah! Messieurs, je suis tout ce qu'il vous
plaira.

VALÈRE

Pourquoy, Monsieur, nous obligez-vous à cette violence ?

LUCAS

A quoy bon nous bailler la peine de vous battre ?

VALÈRE

Je vous asseure que j'en ay tous les regrets du
Monde.

LUCAS

Par ma figué! j'en sis fasché, franchement.

SGANARELLE

Que Diable est-ce-cy, Messieurs? De grâce, est-ce
pour rire, ou si tous deux vous estravaguez, de vouloir que je sois Médecin?

VALÈRE

Quoy, vous ne vous rendez pas encore, et vous
vous défendez d'estre Médecin?

SGANARELLE

Diable emporte, si je le suis!

LUCAS

Il n'est pas vray qu'ous sayez Médecin?

SGANARELLE

Non, la peste m'étouffe!

*Là, ils recommancent de le battre.*

Ah! ah! Eh bien, Messieurs, ouy, puisque vous le
voulez, je suis Médecin, je suis Médecin, Apothiquaire
encor, si vous le trouvez bon. J'ayme mieux consentir
à tout que de me faire assommer.

VALÈRE

Ah! voilà qui va bien, Monsieur; je suis ravy de vous voir raisonnable.

LUCAS

Vous me boutez la joye au cœur, quand je vous voy parler comme ça.

VALÈRE

Je vous demande pardon, de toute mon âme.

LUCAS

Je vous demandons excuse de la libarté que j'avons prise.

SGANARELLE, *à part :*

Ouais! Seroit-ce bien moy qui me tromperois, et serois-je devenu Médecin sans m'en estre apperçeu ?

VALÈRE

Monsieur, vous ne vous repentirez pas de nous monstrer ce que vous estes, et vous verrez asseurément que vous en serez satisfait.

SGANARELLE

Mais, Messieurs, dites-moy, ne vous trompez-vous point vous-mesmes ? Est-il bien asseuré que je sois Médecin ?

LUCAS

Ouy, par ma figué!

SGANARELLE

Tout de bon?

VALÈRE

Sans doute.

SGANARELLE

Diable emporte si je le sçavois.

VALÈRE

Comment! vous estes le plus habile Médecin du
Monde.

SGANARELLE

Ah! ah!

LUCAS

Un Médecin, qui a guary je ne sçay combien de
Maladies.

SGANARELLE

Tu-Dieu!

VALÈRE

Une Femme estoit tenue pour morte, il y avoit six
heures; elle estoit preste à ensevelir, lors qu'avec une
goutte de quelque chose vous la fistes revenir, et marcher d'abord par la chambre.

SGANARELLE

Peste!

LUCAS

Un petit Enfant de douze ans se laissit choir du
haut d'un Clocher, de quoy il eut la teste, les jambes
et les bras cassez; et vous, avec je ne sçay quel
Onguent, vous fistes qu'aussi-tost il se relevit sur ses
piez, et s'en fut jouer à la fossette.

SGANARELLE

Diantre!

VALÈRE

Enfin, Monsieur, vous aurez contentement avec nous; et vous gagnerez ce que vous voudrez, en vous laissant conduire où nous prétendons vous mener.

SGANARELLE

Je gagneray ce que je voudray?

VALÈRE

Ouy.

SGANARELLE

Ah! je suis Médecin, sans contredit. Je l'avois oublié, mais je m'en ressouviens. De quoy est-il question? Où faut-il se transporter?

VALÈRE

Nous vous conduirons. Il est question d'aller voir une Fille, qui a perdu la parole.

SGANARELLE

Ma foy, je ne l'ay pas trouvée.

VALÈRE

Il aime à rire. — Allons, Monsieur.

SGANARELLE

Sans une Robe de Médecin?

VALÈRE

Nous en prendrons une.

SGANARELLE, *présentant sa bouteille à Valère :*

Tenez cela, vous; voilà où je mets mes juleps.

*Puis, se tournant vers Lucas en crachant :*

Vous, marchez là-dessus, par Ordonnance du Médecin.

LUCAS

Palsanguenne, velà un Médecin qui me plaist; je
pense qu'il réussira, car il est bouffon.

SGANARELLE.
*Tenem, vela, vous ;*
*Voila ou je mets mes Juleps*

XVII.                             5

# ACTE II

## SCÈNE I

### GÉRONTE, VALÈRE, LUCAS, JACQUELINE

#### VALÈRE

UY, Monsieur, je croy que vous serez satisfait, et nous vous avons amené le plus grand Médecin du Monde.

#### LUCAS

Oh, morguenne, il faut tirer l'eschelle après cety-là; et tous les autres ne sont pas daignes de ly deschausser ses souillez.

VALÈRE

C'est un Homme qui a fait des Cures merveilleuses.

LUCAS

Qui a gary des gens qui estiants morts.

VALÈRE

Il est un peu capricieux, comme je vous ay dit, et parfois il a des moments où son esprit s'eschappe, et ne paroist pas ce qu'il est.

LUCAS

Ouy, il ayme à bouffonner; et l'en diroit parfois, ne v's'en déplaise, qu'il a quelque petit coup de hache à la teste.

VALÈRE

Mais, dans le fond, il est toute Science, et, bien souvent, il dit des choses tout à fait relevées.

LUCAS

Quand il s'y boute, il parle tout fin drait, comme s'il lisoit dans un Livre.

VALÈRE

Sa réputation s'est desjà répandue icy, et tout le Monde vient à luy.

GÉRONTE

Je meurs d'envie de le voir; faites-le-moy viste venir.

VALÈRE

Je le vay querir.

JACQUELINE

Par ma fy, Monsieu, cety-cy fera justement ce qu'ant
fait les autres. Je pense que cera queussi queumy;
et la meilleure médeçaine que l'an pourroit þailler à
vostre Fille, ce seroit, selon moy, un biau et bon
Mary, pour qui alle eust de l'amiqué.

GÉRONTE

Ouais, Nourrice, ma mie, vous vous meslez de bien
des choses.

LUCAS

Taisez-vous, nostre Ménagère Jacquelaine; ce n'est
pas à vous à bouter là votte nez.

JACQUELINE

Je vous dis et vous douze que tous ces Médecins
n'y feront rian que de l'iau claire; que vôtre Fille a
besoin d'autre chose que de ribarbe et de séné, et
qu'un Mary est un emplastre qui garit tous les maux
des Filles.

GÉRONTE

Est-elle en estat, maintenant, qu'on s'en voulût
charger avec l'infirmité qu'elle a? Et, lors que j'ay esté
dans le dessein de la marier, ne s'est-elle pas opposée
à mes volontez?

JACQUELINE

Je le croy bian; vous li vouilliez bailler c'un Homme
qu'alle n'ayme point. Que ne preniais-vous ce Mon-

sieu Liandre, qui ly touchoit au cœur? Alle auroit
esté fort obéissante, et je m'en vas gager qu'il la pren-
droit, ly, comme alle est, si vou la ly vouillais donner.

GÉRONTE

Ce Léandre n'est pas ce qu'il luy faut; il n'a pas
du Bien comme l'autre.

JACQUELINE

Il a un Oncle qui est si riche, dont il est Héri-
quié!

GÉRONTE

Tous ces Biens à venir me semblent autant de
Chansons. Il n'est rien tel que ce qu'on tient, et l'on
court grand risque de s'abuser lors que l'on compte
sur le Bien qu'un autre vous garde. La Mort n'a pas
toujours les oreilles ouvertes aux vœux et prières de
Messieurs les Héritiers, et l'on a le temps d'avoir les
dents longues, lors qu'on attend, pour vivre, le trépas
de quelqu'un.

JACQUELINE

Enfin, j'ay, toujours, ouy dire qu'en Mariage, comme
ailleurs, Contentement passe Richesse. Les Bères et
les Mères ant cette maudite couteume, de demander
toûjours : *Qu'a-t'il* et *Qu'a-t'elle?* Et le compère Biarre
a marié sa Fille Simonnette au gros Thomas, pour
un quarquié de Vaigne qu'il avoit davantage que le
jeune Robin, où alle avoit bouté son amiquié; et velà

que la pauvre Creiature en est devenue jaune comme
un Coin, et n'a point profité tout depuis ce temps-là.
C'est un bel exemple pour vous, Monsieu. On n'a
que son plaisir en ce Monde, et j'aymerois mieux
bailler à ma Fille un bon Mary qui l'y fust agriable,
que toutes les Rentes de la Biausse.

GÉRONTE

Peste, Madame la Nourrice, comme vous dégoisez!
Taisez-vous, je vous prie; vous prenez trop de soin,
et vous échauffez vostre laict.

LUCAS. *En disant cecy, il frape sur la poitrine à Géronte.*

Morgué! tais-toy, t'es c'une impartinente. Monsieu
n'a que faire de tes discours, et il sçait ce qu'il a à
faire. Mesle-toi de donner à téter à ton Enfant, sans
tant faire la raisonneuse. Monsieu est le Père de sa
Fille, et il est bon et sage pour voir ce qu'il ly faut.

GÉRONTE
Tout doux. Oh! tout doux.

LUCAS
Monsieu, je veux un peu la mortifier, et l'y apprendre
le respect qu'alle vous doit.

GÉRONTE
Ouy, mais ces gestes ne sont pas nécessaires.

## SCÈNE II

VALÈRE, SGANARELLE, GÉRONTE, LUCAS,
JACQUELINE

VALÈRE

Monsieur, préparez-vous. Voicy nostre Médecin qui
entre.

GÉRONTE

Monsieur, je suis ravy de vous voir chez moi, et
nous avons grand besoin de vous.

SGANARELLE, *en Robe de Médecin, avec un Chapeau des plus pointus.*

Hipocrate dit..... que nous nous couvrions tous
deux.

GÉRONTE

Hipocrate dit cela ?

SGANARELLE

Ouy.

GÉRONTE

Dans quel Chapitre, s'il vous plaist ?

SGANARELLE

Dans son Chapitre... des Chapeaux.

GÉRONTE

Puis qu'Hipocrate le dit, il le faut faire.

SGANARELLE

Monsieur le Médecin, ayant appris les merveilleuses choses...

GÉRONTE

A qui parlez-vous, de grâce?

SGANARELLE

A vous.

GÉRONTE

Je ne suis pas Médecin.

SGANARELLE

Vous n'estes pas Médecin?

GÉRONTE

Non, vrayment.

SGANARELLE. *Il prend icy un baston et le bat, comme on l'a batu.*

Tout de bon?

GÉRONTE

Tout de bon. — Ah! ah! ah!

SGANARELLE

Vous estes Médecin maintenant; je n'ay jamais eu d'autres Licences.

GÉRONTE

Quel Diable d'Homme m'avez-vous là amené?

VALÈRE

Je vous ay bien dit que c'estoit un Médecin goguenard.

XVII.                                        6

GÉRONTE

Ouy, mais je l'envoyrois promener avec ses guogue-narderies.

LUCAS

Ne prenez pas garde à ça, Monsieu, ce n'est que pour rire.

GÉRONTE

Cette raillerie ne me plaist pas.

SGANARELLE

Monsieur, je vous demande pardon de la liberté que j'ay prise.

GÉRONTE

Monsieur, je suis vostre serviteur.

SGANARELLE

Je suis fasché...

GÉRONTE

Cela n'est rien.

SGANARELLE

Des coups de baston...

GÉRONTE

Il n'y a pas de mal.

SGANARELLE

Que j'ay eu l'honneur de vous donner.

GÉRONTE

Ne parlons plus de cela. — Monsieur, j'ay une Fille qui est tombée dans une estrange Maladie.

### SGANARELLE

Je suis ravy, Monsieur, que vostre Fille ait besoin
de moy; et je souhaiterois de tout mon cœur que
vous en eussiez besoin aussi, vous et toute vostre
Famille, pour vous tesmoigner l'envie que j'ay de vous
servir.

### GÉRONTE

Je vous suis obligé de ces sentimens.

### SGANARELLE

Je vous asseure que c'est du meilleur de mon âme
que je vous parle.

### GÉRONTE

C'est trop d'honneur que vous me faites.

### SGANARELLE

Comment s'appelle vostre Fille ?

### GÉRONTE

Lucinde.

### SGANARELLE

Lucinde! Ah, beau nom à médicamenter! Lucinde!

### GÉRONTE

Je m'en vais voir un peu ce qu'elle fait.

### SGANARELLE

Qui est cette grande Femme-là ?

### GÉRONTE

C'est la Nourrice d'un petit Enfant que j'ay.

SGANARELLE

Peste ! le joly meuble que voilà ! — Ah ! Nourrice, charmante Nourrice, ma Médecine est la très-humble Esclave de vostre Nourricerie, et je voudrois bien être le petit poupon fortuné qui têtast le laict de vos bonnes grâces. Tous mes Remèdes, — *Il luy porte la main sur le sein* — toute ma Science, toute ma Capacité est à vostre service ; et...

LUCAS

Avec vostre parmission, Monsieu le Médecin, laissez là ma Femme, je vous prie.

SGANARELLE

Quoy, est-elle vostre Femme ?

LUCAS

Ouy.

SGANARELLE. *Il fait semblant d'embrasser Lucas, et, se tournant du costé de la Nourrice, il l'embrasse.*

Ah ! vrayment je ne sçavois pas cela, et je m'en réjouis pour l'amour de l'un et de l'autre.

LUCAS, *en le tirant :*

Tout doucement, s'il vous plaist.

SGANARELLE

Je vous asseure que je suis ravy que vous soyez unis ensemble.

*Il fait encore semblant d'embrasser Lucas, et, passant dessous ses bras, se jette au col de sa Femme.*

Je la félicite d'avoir un Mary comme vous; et je
vous félicite, vous, d'avoir une Femme si belle, si sage,
et si bien faite, comme elle est.

LUCAS, *en le tirant encore.*

Eh, testigué! point tant de compliments, je vous
suplie.

SGANARELLE

Ne voulez-vous pas que je me réjouisse, avec vous,.
d'un si bel assemblage ?

LUCAS

Avec moy, tant qu'il vous plaira, mais, avec ma
femme, trêve de sarimonie.

SGANARELLE

Je prens part également au bonheur de tous deux.
Et, si je vous — *Il continue le mesme jeu* — embrasse pour
vous en tesmoigner ma joye, je l'embrasse de mesme,
pour luy en tesmoigner aussi.

LUCAS, *en le tirant de rechef.*

Ah, vartigué, Monsieu le Médecin, que de lantipo-
nages!

## SCÈNE III

### GÉRONTE, SGANARELLE, LUCAS, JACQUELINE

GÉRONTE

Monsieur, voicy tout à l'heure ma Fille, qu'on va vous amener.

SGANARELLE

Je l'attens, Monsieur, avec toute la Médecine.

GÉRONTE

Où est-elle?

SGANARELLE, *se touchant le front :*

Là-dedans.

GÉRONTE

Fort bien.

SGANARELLE, *en voulant toucher les tétons de la Nourrice :*

Mais comme je m'intéresse à toute vostre Famille, il faut que j'essaye un peu le laict de vostre Nourrisse et que je visite son sein.

LUCAS, *le tirant, et luy faisant faire la pirouette :*

Nanin, nanin; je n'avons que faire de ça.

SGANARELLE

C'est l'Office du Médecin, de voir les tétons des Nourrices.

LUCAS

Il gn'ia Office qui quienne; je sis votte sarviteur.

SGANARELLE

As-tu bien la hardiesse de t'opposer au Médecin ?
Hors de là !

LUCAS

Je me mocque de ça.

SGANARELLE, *en le regardant de travers :*

Je te donneray la Fièvre.

JACQUELINE, *prenant Lucas par le bras, et luy faisant faire aussi la pirouette :*

Oste-toy de là aussi. Est-ce que je ne sis pas assez
grande pour me défendre moy-mesme, s'il me fait
queuque chose qui ne soit pas à faire ?

LUCAS

Je ne veux pas qu'il te taste, moi.

SGANARELLE

Fy, le vilain, qui est jalous de sa Femme !

GÉRONTE

Voicy ma Fille.

## SCÈNE IV

LUCINDE, VALÈRE, GÉRONTE, SGANARELLE, LUCAS,
JACQUELINE

SGANARELLE

Est-ce là, la Malade ?

GÉRONTE

Ouy. Je n'ay qu'elle de Fille, et j'aurois tous les regrets du Monde, si elle venoit à mourir.

SGANARELLE

Qu'elle s'en garde bien. Il ne faut pas qu'elle meure sans l'Ordonnance du Médecin.

GÉRONTE

Allons, un siège.

SGANARELLE

Voilà une Malade qui n'est pas tant dégoustante, et je tiens qu'un homme bien sain s'en accommoderoit assez.

GÉRONTE

Vous l'avez fait rire, Monsieur.

SGANARELLE

Tant mieux. Lors que le Médecin fait rire le Malade, c'est le meilleur signe du Monde. Et bien, de quoy est-il question ? Qu'avez-vous ? Quel est le mal que vous sentez ?

LUCINDE *respond par signes, en portant sa main à sa bouche, à sa teste, et sous son menton :*

*Han, hi, hom, han.*

SGANARELLE

Eh ? Que dites-vous ?

LUCINDE *continue les mêmes gestes.*

*Han, hi, hom, han, han, hi, hom.*

SGANARELLE

Quoy?

LUCINDE

*Ham, hi, hom.*

SGANARELLE, *la contrefaisant:*

*Han, hi, hom, han, ha.* — Je ne vous entens point. Quel Diable de langage est-ce là?

GÉRONTE

Monsieur, c'est là sa Maladie. Elle est devenue muette, sans que, jusques icy, on en ait pu sçavoir la cause; et c'est un accident qui a fait reculer son Mariage.

SGANARELLE

Et pourquoy?

GÉRONTE

Celuy qu'elle doit espouser veut attendre sa guérison, pour conclure les choses.

SGANARELLE

Et qui est ce Sot-là, qui ne veut pas que sa Femme soit muette? Plust à Dieu que la mienne eût cette maladie! Je me garderois bien de la vouloir guérir.

GÉRONTE

Enfin, Monsieur, nous vous prions d'employer tous vos soins pour la soulager de son mal.

XVII. 7

#### SGANARELLE

Ah! ne vous mettez pas en peine. Dites-moy un peu, ce mal l'oppresse-t-il beaucoup?

#### GÉRONTE

Ouy, Monsieur.

#### SGANARELLE

Tant mieux. Sent-elle de grandes douleurs?

#### GÉRONTE

Fort grandes.

#### SGANARELLE

C'est fort bien fait. Va-t-elle où vous sçavez?

#### GÉRONTE

Ouy.

#### SGANARELLE

Copieusement?

#### GÉRONTE

Je n'entens rien à cela.

#### SGANARELLE

La Matière est-elle louable?

#### GÉRONTE

Je ne me connois pas à ces choses.

#### SGANARELLE, *se tournant vers la Malade :*

Donnez-moy vostre bras. — Voilà un pous qui marque que vostre Fille est muette.

GÉRONTE

Eh! ouy, Monsieur, c'est là son mal; vous l'avez
trouvé tout du premier coup.

SGANARELLE

Ah! ah!

JACQUELINE

Voyez, comme il a deviné sa Maladie!

SGANARELLE

Nous autres grans Médecins, nous connoissons
d'abord les choses. Un ignorant auroit été embarassé,
et vous eust esté dire : « C'est cecy, c'est cela » ; mais
moy, je touche au but du premier coup, et je vous
apprens que vostre Fille est muette.

GÉRONTE

Ouy, mais je voudrois bien que vous me pussiez
dire d'où cela vient ?

SGANARELLE

Il n'est rien plus aisé. Cela vient de ce qu'elle. a
perdu la Parole.

GÉRONTE

Fort bien. Mais la Cause, s'il vous plaist, qui fait
qu'elle a perdu la Parole ?

SGANARELLE

Tous nos meilleurs Autheurs vous diront que c'est
l'empeschement de l'action de sa Langue.

GÉRONTE

Mais encore, vos sentimens sur cet empeschement de l'action de sa Langue?

SGANARELLE

Aristote, là-dessus, dit... de fort belles choses.

GÉRONTE

Je le croy.

SGANARELLE

Ah! c'estoit un grand Homme!

GÉRONTE

Sans doute.

SGANARELLE, *levant son bras depuis le coude.*

Grand Homme tout à fait; un Homme qui estoit plus grand que moy, de tout cela. — Pour revenir, donc, à nostre raisonnement, je tiens que cet empeschement de l'action de sa Langue est causé par de certaines Humeurs, qu'entre nous autres Sçavans nous appelons humeurs peccantes, peccantes, c'est-à-dire... humeurs peccantes; d'autant que les vapeurs, formées par les exhalaisons des influences qui s'eslèvent dans la Région des Maladies, venant... pour ainsi dire... à... Entendez-vous le Latin?

GÉRONTE

En aucune façon.

SGANARELLE, *se levant avec étonnement.*

Vous n'entendez point le Latin?

### GÉRONTE

Non.

### SGANARELLE *en faisant diverses plaisantes postures.*

*Cabricias arci thuram, catalamus, singulariter nominativo hæc Musa,* la Muse, *Bonus, Bona, Bonum, Deus sanctus; est-ne oratio Latinas? Etiam,* ouy; *quare,* pourquoy? *Quia substantivo, et adjectivum, concordat in generi, numerum, et casus.*

### GÉRONTE

Ah! que n'ay-je estudié?

### JACQUELINE

L'habile Homme que velà?

### LUCAS

Ouy, ça est si biau, que je n'y entens goute

### SGANARELLE

Or, ces vapeurs dont je vous parle, venant à passer, du costé gauche, où est le Foye, au costé droit, où est le Cœur, il se trouve que le Poumon, que nous appelons, en Latin, *Armyan*, ayant communication avec le cerveau, que nous nommons en Grec *Nasmus*, par le moyen de la Veine Cave, que nous appelons en Hébreu *Cubile*, rencontre, en son chemin, lesdites vapeurs qui remplissent les ventricules de l'Omoplate; et parce que lesdites vapeurs... Comprenez bien ce raisonnement, je vous prie... et parce que lesdites vapeurs ont certaine malignité... Escoutez bien cecy, je vous conjure.

### GÉRONTE

Ouy.

### SGANARELLE

..... Ont une certaine malignité qui est causée... Soyez attentif, s'il vous plaist.

### GÉRONTE

Je le suis.

### SGANARELLE

.... Qui est causée par l'âcreté des humeurs, engendrées dans la concavité du Diaphragme, il arrive que ces vapeurs... *Ossabandus, nequeys, nequer, portarinum. quipsa milus.* Voilà justement ce qui fait que vostre Fille est muette.

### JACQUELINE

Ah! que ça est bian dit, notte Homme!

### LUCAS

Que n'ay-je la langue aussi bian pendue!

### GÉRONTE

On ne peut pas mieux raisonner, sans doute. Il n'y a qu'une seule chose qui m'a choqué. C'est l'endroit du Foye et du Cœur. Il me semble que vous les placez autrement qu'ils ne sont; que le Cœur est du costé gauche, et le Foye du costé droit.

### SGANARELLE

Ouy, cela estoit, autrefois, ainsi; mais nous avons changé tout cela, et nous faisons maintenant la Médecine d'une Méthode toute nouvelle.

### GÉRONTE

C'est ce que je ne sçavois pas, et je vous demande pardon de mon ignorance.

### SGANARELLE

Il n'y a point de mal; et vous n'estes pas obligé d'estre aussi habile que nous.

### GÉRONTE

Asseurément. Mais, Monsieur, que croyez-vous qu'il faille faire à cette maladie?

### SGANARELLE

Ce que je croy qu'il faille faire?

### GÉRONTE

Ouy.

### SGANARELLE

Mon avis est qu'on la remette sur son lit, et qu'on luy fasse prendre, pour Remède, quantité de Pain trempé dans du Vin.

### GÉRONTE

Pourquoy cela, Monsieur?

SGANARELLE

Parce qu'il y a dans le Vin et le Pain, meslez ensemble, une Vertu simpathique, qui fait parler. Ne voyez-vous pas bien qu'on ne donne autre chose aux Perroquets, et qu'ils apprennent à parler en mangeant de cela?

GÉRONTE

Cela est vray! Ah! le grand Homme! Viste, quantité de Pain et de Vin!

SGANARELLE

Je reviendray voir, sur le soir, en quel état elle sera.

*A la Nourrice :*

Doucement, vous. Monsieur, voilà une Nourrice, à laquelle il faut que je fasse quelques petits Remèdes.

JACQUELINE

Qui? moy? Je me porte le mieux du Monde.

SGANARELLE

Tant pis, Nourrice, tant pis. Cette grande santé est à craindre, et il ne sera mauvais de vous faire quelque petite Saignée amiable, de vous donner quelque petit clistère dulcifiant.

GÉRONTE

Mais, Monsieur, voilà une mode que je ne comprends point. Pourquoy s'aller faire saigner, quand on n'a point de Maladie?

SGANARELLE

· Il n'importe, la Mode en est salutaire ; et, comme on boit pour la Soif à venir, il faut se faire aussi saigner pour la Maladie à venir.

JACQUELINE *en se retirant.*

Ma fy, je me mocque de ça, et je ne veux point faire de mon corps une Boutique d'Apothiquaire.

SGANARELLE

Vous estes rétive aux Remèdes ; mais nous saurons vous soumettre à la Raison.

*Parlant à Géronte :*

Je vous donne le bonjour.

GÉRONTE

Attendez un peu, s'il vous plaist.

SGANARELLE

Que voulez-vous faire ?

GÉRONTE

Vous donner de l'argent, Monsieur.

SGANARELLE *tendant sa main derrière, par-dessous sa Robe, tandis que Géronte ouvre sa Bource.*

Je n'en prendray pas, Monsieur.

GÉRONTE

Monsieur...

XVII.                                               8

SGANARELLE

Point du tout.

GÉRONTE

Un petit moment.

SGANARELLE

En aucune façon.

GÉRONTE

De grâce.

SGANARELLE

Vous vous mocquez.

GÉRONTE

Voilà qui est fait.

SGANARELLE

Je n'en feray rien.

GÉRONTE

Eh!

SGANARELLE

Ce n'est pas l'Argent qui me fait agir.

GÉRONTE

Je le croy.

SGANARELLE, *aprés avoir pris l'argent.*

Cela est-il de poids ?

GÉRONTE

Ouy, Monsieur.

SGANARELLE

Je ne suis pas un Médecin mercenaire.

GÉRONTE

Je le sçay bien.

SGANARELLE

L'intérest ne me gouverne point.

GÉRONTE

Je n'ay pas cette pensée.


## SCÈNE V

### SGANARELLE, LÉANDRE

SGANARELLE *regardant son argent.*

Ma foy, cela ne va pas mal, et pourveu que...

LÉANDRE

Monsieur, il y a long temps que je vous attens, et je viens implorer vostre assistance.

SGANARELLE *luy prenant le poignet.*

Voilà un pous qui est fort mauvais.

LÉANDRE

Je ne suis point Malade, Monsieur, et ce n'est pas pour cela que je viens à vous.

SGANARELLE

Si vous n'estes pas Malade, que Diable ne le dites-vous donc ?

LÉANDRE

Non, pour vous dire la chose en deux mots, je m'appelle Léandre, qui suis amoureux de Lucinde, que vous venez de visiter; et comme, par la mauvaise humeur de son Père, toute sorte d'accez m'est fermé auprès d'elle, je me hazarde à vous prier de vouloir servir mon amour, et de me donner lieu d'exécuter un Stratagème que j'ay trouvé pour lui pouvoir dire deux mots, d'où dépendent, absolument, mon bonheur et ma vie.

SGANARELLE, *paressant en colère.*

Pour qui me prenez-vous? Comment, oser vous addresser à moy pour vous servir dans vostre amour, et vouloir ravaler la Dignité de Médecin à des emplois de cette nature!

LÉANDRE

Monsieur, ne faites point de bruit.

SGANARELLE, *en le faisant reculer.*

J'en veux faire, moy. Vous estes un impertinent...

LÉANDRE

Eh! Monsieur, doucement.

SGANARELLE

Un mal avisé!

LÉANDRE

De grâce!

SGANARELLE

Je vous apprendray que je ne suis point Homme
à cela, et que c'est une insolence extrême...

LÉANDRE, *tirant une Bource, qu'il luy donne :*

Monsieur...

SGANARELLE, *recevant la Bource.*

... de vouloir m'employer... Je ne parle pas pour
vous, car vous estes honneste Homme, et je serois
ravy de vous rendre service. Mais il y a de certains
Impertinents au Monde, qui viennent prendre les Gens
pour ce qu'ils ne sont pas; et je vous avoue que cela
me met en colère.

LÉANDRE

Je vous demande pardon, Monsieur, de la liberté
que...

SGANARELLE

Vous vous mocquez. De quoy est-il question?

LÉANDRE

Vous sçaurez donc, Monsieur, que cette maladie,
que vous voulez guérir, est une feinte Maladie. Les
Médecins ont raisonné là-dessus, comme il faut, et ils
n'ont pas manqué de dire que cela procédoit, qui du
Cerveau, qui des Entrailles, qui de la Ratte, qui du
Foye. Mais il est certain que l'Amour en est la véri-
table cause, et que Lucinde n'a trouvé cette Maladie
que pour se délivrer d'un Mariage dont elle estoit

importunée. Mais, de crainte qu'on ne nous voye
ensemble, retirons-nous d'icy, et je vous diray, en marchant, ce que je souhaite de vous.

SGANARELLE

Allons, Monsieur. Vous m'avez donné pour vostre
Amour une tendresse qui n'est pas concevable, et j'y
perdrai toute ma Médecine, ou la Malade crèvera, ou
bien elle sera à vous.

SGANARELLE
Ou la Malade crèvera,
Ou elle sera à vous

# ACTE III

## SCÈNE I

### SGANARELLE, LÉANDRE

LÉANDRE

L me semble que je ne suis pas mal ainsi pour un Apothiquaire; et comme le Père ne m'a guère veu, ce changement d'habit, et de perruque, est assez capable, je croy, de me déguiser à ses yeux.

SGANARELLE

Sans doute.

LÉANDRE

Tout ce que je souhaiterois, seroit de sçavoir cinq
ou six grands mots de Médecine, pour parer mon Discours et me donner l'air d'habile Homme.

SGANARELLE

Allez, allez, tout cela n'est pas nécessaire; il suffit
de l'Habit, et je n'en sçay pas plus que vous.

LÉANDRE

Comment!

SGANARELLE

Diable emporte si j'entends rien en Médecine! Vous
estes honneste homme, et je veux bien me confier à
vous comme vous vous confiez à moy.

LÉANDRE

Quoy, vous n'estes pas effectivement...

SGANARELLE

Non, vous dis-je; ils m'ont fait Médecin malgré
mes dents. Je ne m'estois jamais meslé d'estre si
sçavant que cela, et toutes mes Estudes n'ont esté que
jusqu'en Sixiesme. Je ne sçay point sur quoy cette ima-
gination leur est venue; mais, quand j'ay veu qu'à toute
force ils vouloient que je fusse Médecin, je me suis
résolu de l'estre, aux despens de qui il appartiendra. Cependant vous ne sçauriez croire comment l'erreur s'est

répandue, et de quelle façon chacun est endiablé à me
croire habile Homme. On me vient chercher de tous
les costez; et, si les choses vont toûjours de mesme,
je suis d'avis de m'en tenir, toute ma vie, à la Médecine. Je trouve que c'est le Mestier le meilleur de tous;
car, soit qu'on fasse bien, ou soit qu'on fasse mal, on
est toujours payé de mesme sorte. La méchante besongne
ne retombe jamais sur nostre Dos, et nous taillons
comme il nous plaist sur l'étoffe où nous travaillons.
Un Cordonnier, en faisant des souliers, ne sauroit gâter
un morceau de cuir qu'il n'en paye les pots cassés;
mais icy l'on peut gâter un Homme sans qu'il en couste
rien. Les béveues ne sont point pour nous, et c'est
toujours la faute de celuy qui meurt. Enfin, le bon de
cette Profession est qu'il y a, parmy les Morts, une
honnêteté, une discrétion la plus grande du Monde,
et jamais on n'en void se plaindre du Médecin qui l'a
tué.

LÉANDRE

Il est vray que les Morts sont fort honnestes gens
sur cette matière.

SGANARELLE, *voyant des Hommes qui viennent vers luy.*

Voilà des gens qui ont la mine de me venir con-
sulter. — Allez toûjours m'attendre auprès du Logis
de vostre Maitresse.

XVII.　　　　　　　　　　9

## SCÈNE II

### THIBAUT, PERRIN, SGANARELLE

THIBAUT

Monsieu, je venons vous charcher, mon fils Perrin et moy.

SGANARELLE

Qu'y a-t-il?

THIBAUT

Sa pauvre mère, qui a nom Parette, est dans un lit, malade, il y a six mois.

SGANARELLE *tendant la main comme pour recevoir de l'argent.*

Que voulez-vous que j'y fasse?

THIBAUT

Je voudrions, Monsieu, que vous nous baillissiez quelque petite droslerie pour la garir.

SGANARELLE

Il faut voir. De quoy est-ce qu'elle est malade?

THIBAUT

Alle est malade d'Hipocrisie, Monsieu.

SGANARELLE

D'Hypocrisie?

THIBAUT

Ouy. C'est-à-dire qu'alle est enflée partout, et l'an
dit que c'est quantité de sériositez qu'alle a dans le
corps, et que son Foye, son Ventre ou sa Ratte, comme
vous voudrais l'appeler, au glieu de faire du sang, ne
fait plus que de l'iau. Alle a, de deux jours l'un, la
fièvre quotiguenne, avec des lassitudes et des douleurs
dans les mufles des jambes. On entend dans sa gorge
des fleumes qui sont tout prests à l'étouffer; et par fois
il ly prend des sincoles et des conversions, que je
crayons qu'alle est passée. J'avons, dans notte Village,
un Apothiquaire, révérance parler, qui ly a donné je ne
sais combien d'Histoires, et il m'en couste plus d'eune
douzaine de bons escus en Lavemens, ne vs'en déplaise,
en Apostumes, qu'on l'y a fait prendre, en Infections
et Jacinthe, et en Portions cordales. Mais tout ça,
comme dit l'autre, n'a esté que de l'Onguent miton-
mitaine. Il veloit ly bailler d'eune certaine Drogne que
l'on appelle du Vin amétile; mais j'ay-s-eu peur franchement que ça l'envoyist à *patres;* et l'an dit que ces
gros Médecins tuont je ne sçay combien de Monde
avec cette Invention-là.

SGANARELLE *tendans toûjours la main, et la branlant,*
*comme pour signe qu'il demande de l'argent.*

Venons au fait, mon Amy, venons au fait.

THIBAUT

Le fait est, Monsieu, que je venons vous prier de nous dire ce qu'il faut que je fassions.

SGANARELLE

Je ne vous entens point du tout.

PERRIN

Monsieu, ma Mère est malade, et vèlà deux Escus que je vous apportons, pour nous bailler queuque Remède.

SGANARELLE

Ah! je vous entens, vous. Voilà un Garçon qui parle clairement, qui s'explicque comme il faut. Vous dites que vostre Mère est malade d'Hydropisie, qu'elle est enflée par tout le corps, qu'elle a la fièvre, avec des douleurs dans les jambes, et qu'il lui prend parfois des sincopes et des convulsions, c'est-à-dire des évanouissemens.

PERRIN

Eh ouy, Monsieu, c'est justement ça.

SGANARELLE

J'ay compris d'abord vos parolles. Vous avez un Père qui ne sçait ce qu'il dit. Maintenant, vous me demandez un Remède?

PERRIN

Ouy, Monsieu.

SGANARELLE

Un Remède pour la guérir ?

PERRIN

C'est comme je l'entendons.

SGANARELLE

Tenez, voilà un morceau de Formage, qu'il faut que
vous lui fassiez prendre.

PERRIN

Du Fromage, Monsieu ?

SGANARELLE

Ouy : c'est un Formage préparé, où il entre de l'Or,
du Coral et des Perles, et quantité d'autres choses
précieuses.

PERRIN

Monsieu, je vous sommes bien obligez, et j'alons
ly faire prendre ça tout à l'heure.

SGANARELLE

Allez. Si elle meurt, ne manquez pas de la faire
enterrer du mieux que vous pourrez.

## SCÈNE III

### JACQUELINE, SGANARELLE, LUCAS

SGANARELLE

Voicy la belle Nourrice. Ah, Nourrice de mon cœur, je suis ravy de cette rencontre; et vostre veue est la Rhubarbe, la Casse et le Séné qui purgent toute la Mélancholie de mon Ame.

JACQUELINE

Par ma figué, Monsieu le Médecin, ça est trop bian dit pour moy, et je n'entens rian à tout votte Latin.

SGANARELLE

Devenez malade, Nourrice, je vous prie; devenez malade pour l'amour de moy. J'aurois toutes les joyes du Monde de vous guérir.

JACQUELINE

Je sis votte Sarvante; j'ayme bian mieux qu'an ne me guérisse pas.

SGANARELLE

Que je vous plains, belle ·Nourrice, d'avoir un Mary jalous et fascheux, comme celuy que vous avez!

JACQUELINE

Que velez-vous, Monsieu. C'est pour la pénitence

de mes fautes, et, là où la Chèvre est liée, il faut bian qu'alle y broute.

SGANARELLE

Comment, un Rustre comme cela ? Un Homme qui vous observe, toûjours, et ne veut pas que Personne vous parle!

JACQUELINE

Hélas! vous n'avez rien veu encore; et ce n'est qu'un petit échantillon de sa mauvaise humeur.

SGANARELLE

Est-il possible, et qu'un Homme ait l'Ame assez basse pour maltraitter une Personne comme vous ? Ah! que j'en sçais, belle Nourrice, et qui ne sont pas loin d'icy, qui se tiendroient heureux de baiser, seulement, les petits bouts de vos petons! Pourquoy faut-il qu'une Personne, si bien faite, soit tombée en de telles mains, et qu'un franc Animal, un Brutal, un Stupide, un Sot... Pardonnez-moy, Nourrice, si je parle ainsi de vostre Mary.

JACQUELINE

Eh, Monsieu, je sçay bian qu'il mérite tous ces noms-là.

SGANARELLE

Ouy, sans doute, Nourrice, il les mérite; et il mériteroit encore que vous lui missiez quelque chose sur la teste, pour le punir des soupçons qu'il a.

JACQUELINE

Il est bian vray que, si je n'avois devant les yeux
que son intérest, il pourroit m'obliger à queuque
étrange chose.

SGANARELLE

Ma foy, vous ne feriez pas mal de vous vanger de
luy, avec quelqu'un. C'est un Homme, je vous le dy,
qui mérite bien cela; et, si j'estois assez heureux,
belle Nourrice, pour estre choisi pour...

*En cet endroit, tous deux appercevant Lucas qui estoit derrière eux et entendoit leur dialogue,
chacun se retire de son costé, mais le Médecin d'une manière fort plaisante.*

## SCÈNE IV

### GÉRONTE, LUCAS

GÉRONTE

Hola, Lucas, n'as-tu point veu icy nostre Médecin?

LUCAS

Et ouy, de par tous les Diantres, je l'ay veu, et ma
Femme aussi.

GÉRONTE

Où est-ce, donc, qu'il peut estre?

LUCAS

Je ne sçay; mais je voudrois qu'il fust à tous les
Guèbles.

GÉRONTE

Va-t'en voir un peu ce que fait ma Fille.

## SCÈNE V

### SGANARELLE, LÉANDRE, GÉRONTE

GÉRONTE

Ah! Monsieur, je demandois où vous estiez?

SGANARELLE

Je m'estois amusé dans votre Cour à expulser le superflu de la boisson. Comment se porte la Malade?

GÉRONTE

Un peu plus mal, depuis vostre remède.

SGANARELLE

Tant mieux. C'est signe qu'il opère.

GÉRONTE

Ouy; mais, en opérant, je crains qu'il ne l'étoufe.

SGANARELLE

Ne vous mettez pas en peine; j'ay des Remèdes qui se mocquent de tout, et je l'attens à l'Agonie.

GÉRONTE

Qui est cet Homme-là, que vous amenez?

SGANARELLE, *faisant des signes, avec la main, que c'est un Apoticaire.*

C'est...

XVII.                                        10

GÉRONTE

Quoy ?

SGANARELLE

Celuy...

GÉRONTE

Eh.

SGANARELLE

Qui...

GÉRONTE

Je vous entens.

SGANARELLE

Vostre Fille en aura besoin.

# SCÈNE VI

JACQUELINE, LUCINDE, GÉRONTE, LÉANDRE,
SGANARELLE

JACQUELINE

Monsieu, velà vostre Fille qui veut un peu marché.

SGANARELLE

Cela luy fera du bien. Allez-vous-en, Monsieur
l'Apothiquaire, taster un peu son Pouls, afin que je
raisonne tantost, avec vous, de sa Maladie.

*En cet endroit, il tire Géronte à un bout du Théâtre, et, luy passant un bras sur les épaules,
luy rabat la main sous le menton, avec laquelle il le fait retourner vers luy, lors qu'il
veut regarder ce que sa Fille et l'Apoticaire font ensemble, luy tenant, cependant, le Discours suivant pour l'amuser :*

Monsieur, c'est une grande et subtile question, entre

les Doctes, de sçavoir si les Femmes sont plus faciles
à guérir que les Hommes. Je vous prie d'écouter cecy,
s'il vous plaist. Les uns disent que non, les autres
disent que ouy; et moy je dis que ouy, et non. D'autant que l'incongruité des Humeurs opaques, qui se
rencontrent au tempérament naturel des Femmes, estant
cause que la Partie Brutale veut toujours prendre
empire sur la Sensitive, on void que l'inégalité de leurs
opinions dépend du mouvement oblique du Cercle de
la Lune; et, comme le Soleil, qui darde ses rayons sur
la concavité de la Terre, trouve...

LUCINDE

Non, je ne suis point du tout capable de changer
de sentimens.

GÉRONTE

Voilà ma Fille qui parle! O grande vertu du Remède!
O admirable Médecin! Que je vous suis obligé, Monsieur, de cette guérison merveilleuse, et que puis-je
faire pour vous, après un tel service ?

SGANARELLE, *se promenant sur le Théâtre, et s'essuiant le front.*

Voilà une Maladie qui m'a bien donné de la peine!

LUCINDE

Ouy, mon Père, j'ay recouvré la parole; mais je l'ay
recouvrée pour vous dire que je n'auray jamais d'autre

Espous que Léandre, et que c'est inutilement que vous voulez me donner Horace.

GÉRONTE

Mais...

LUCINDE

Rien n'est capable d'esbranler la résolution que j'ay prise;

GÉRONTE

Quoy!...

LUCINDE

Vous m'opposerez en vain de belles raisons;

GÉRONTE

Si...

LUCINDE

Tous vos discours ne serviront de rien;

GÉRONTE

Je...

LUCINDE

C'est une chose où je suis déterminée;

GÉRONTE

Mais...

LUCINDE

Il n'est Puissance Paternelle qui me puisse obliger à me marier malgré moy;

GÉRONTE

J'ay...

LUCINDE

Vous avez beau faire tous vos efforts;

GÉRONTE

Il...

LUCINDE

Mon cœur ne sçauroit se soumettre à cette tyrannie,

GÉRONTE

Là...

LUCINDE

Et je me jetteray plustost dans un Convent, que
d'espouser un Homme que je n'ayme point.

GÉRONTE

Mais...

LUCINDE, *parlant d'un ton de voix à étourdir.*

Non. En aucune façon. Point d'affaires. Vous perdez
le temps. Je n'en feray rien. Cela est résolu.

GÉRONTE

Ah! quelle impétuosité de paroles; il n'y a pas
moyen d'y résister. — Monsieur, je vous prie de la faire
redevenir muette.

SGANARELLE

C'est une chose qui m'est impossible. Tout ce que
je puis faire pour vostre service, est de vous rendre
sourd, si vous voulez.

GÉRONTE

Je vous remercie. — Penses-tu donc...

LUCINDE

Non, toutes vos raisons ne gagneront rien sur mon
Ame.

GÉRONTE

Tu épouseras Horace, dès ce soir.

LUCINDE

J'épouseray plustost la Mort.

SGANARELLE

Mon Dieu, arrestez-vous; laissez-moy médicamenter
cette affaire. C'est une Maladie qui la tient; et je sçais
le Remède qu'il y faut apporter.

GÉRONTE

Seroit-il possible, Monsieur, que vous pussiez, aussi,
guérir cette Maladie d'esprit?

SGANARELLE

Ouy, laissez-moy faire, j'ay des Remèdes pour tout;
et nostre Apothiquaire nous servira pour cette Cure.
*Il appelle l'Apoticaire et luy parle :* Un mot. Vous voyez que l'ardeur
qu'elle a pour ce Léandre est tout à fait contraire aux
volontez du Père, qu'il n'y a point de temps à perdre;
que les Humeurs sont fort aigries, et qu'il est nécessaire de trouver promptement un Remède à ce Mal,
qui pourroit empirer par le retardement. Pour moy,
je n'y en vois qu'un seul, qui est une prise de Fuitte

Purgative, que vous meslerez comme il faut avec deux
Drachmes de Matrimonium en Pilules. Peut-estre
fera-t-elle quelque difficulté à prendre ce Remède;
mais, comme vous estes habile Homme dans vostre
Métier, c'est à vous de l'y résoudre, et de lui faire
avaller la chose du mieux que vous pourrez. Allez-
vous-en luy faire faire un petit tour de Jardin, afin de
préparer les Humeurs, tandis que j'entretiendray icy
son Père; mais sur tout ne perdez point de temps. Au
Remède, viste, au Remède spécifique!

## SCÈNE VII

### GÉRONTE, SGANARELLE

#### GÉRONTE

Quelles Drogues, Monsieur, sont celles que vous
venez de dire? Il me semble que je ne les ay jamais
ouy nommer.

#### SGANARELLE

Ce sont Drogues dont on se sert dans les nécessitez
urgentes.

#### GÉRONTE

Avez-vous jamais veu une insolence pareille à la
sienne?

SGANARELLE

Les Filles sont quelquefois un peu testues.

GÉRONTE

Vous ne sçauriez croire comme elle est affolée de ce Léandre.

SGANARELLE

La Chaleur du Sang fait cela dans les jeunes Esprits.

GÉRONTE

Pour moy, dès que j'ay eu découvert la violence de cet Amour, j'ay sçeu tenir toujours ma Fille renfermée.

SGANARELLE

Vous avez fait sagement.

GÉRONTE

Et j'ay bien empesché qu'ils n'ayent eu communication ensemble.

SGANARELLE

Fort bien.

GÉRONTE

Il seroit arrivé quelque folie, si j'avois souffert qu'ils se fussent veus.

SGANARELLE

Sans doute.

GÉRONTE

Et je croy qu'elle auroit esté Fille à s'en aller avec luy.

SGANARELLE

C'est prudemment raisonné.

GÉRONTE

On m'avertit qu'il fait tous ses efforts 'pour luy parler.

SGANARELLE

Quel Drosle!

GÉRONTE

Mais il perdra son temps.

SGANARELLE

Ah, ah.

GÉRONTE

Et j'empescheray bien qu'il ne la voye.

SGANARELLE

Il n'a pas affaire à un Sot, et vous sçavez des Rubriques, qu'il ne sçait pas. Plus fin que vous n'est pas beste.

## SCÈNE VIII

### LUCAS, GÉRONTE, SGANARELLE

#### LUCAS

Ah, palsanguenne, Monsieu, vaicy bian du tinta-
marre. Votte Fille s'en est enfuye avec son Liandre ;
c'estoy luy qui estoit l'Apothiquaire, et velà Monsieu
le Médecin qui a fait cette belle Opération-là.

#### GÉRONTE

Comment, m'assassiner de la façon ? Allons, un
Commissaire, et qu'on empesche qu'il ne sorte. Ah,
traistre, je vous feray punir par la Justice.

#### LUCAS

Ah, par ma fy, Monsieu le Médecin, vous serez
pendu ; ne bougez de là seulement.

## SCÈNE IX

### MARTINE, SGANARELLE, LUCAS

#### MARTINE

Ah, mon Dieu ! que j'ai eu de peine à trouver ce
Logis. — Dites-moy un peu des nouvelles du Médecin
que je vous ay donné.

LUCAS

Le velà, qui va estre pendu.

MARTINE

Quoy, mon Mary pendu, hélas, et qu'a-t-il fait pour
cela?

LUCAS

Il a fait enlever la Fille de notte Maistre.

MARTINE

Hélas! mon cher Mary, est-il bien vray qu'on te va
pendre?

SGANARELLE

Tu vois; ah.

MARTINE

Faut-il que tu te laisses mourir en présence de tant
de Gens?

SGANARELLE

Que veux-tu que j'y fasse?

MARTINE

Encore, si tu avois achevé de couper nostre bois, je
prendrois quelque consolation.

SGANARELLE

Retire-toy de là; tu me fends le cœur.

MARTINE

Non, je veux demeurer pour t'encourager à la

Mort; et je ne te quitteray point que je ne t'aye veu pendu.

SGANARELLE

Ah.


## SCÈNE X

GÉRONTE, SGANARELLE, MARTINE, LUCAS

GÉRONTE

Le Commissaire viendra bientost, et l'on s'en va vous mettre en lieu où l'on me respondra de vous.

SGANARELLE, *le chapeau à la main*.

Hélas, cela ne se peut-il point changer en quelques coups de baston?

GÉRONTE

Non, non; la Justice en ordonnera. — Mais, que vois-je?


## SCÈNE XI ET DERNIÈRE

LÉANDRE, LUCINDE, JACQUELINE, LUCAS, GÉRONTE, SGANARELLE, MARTINE

LÉANDRE

Monsieur, je viens faire paroistre Léandre à vos yeux, et remettre Lucinde en vostre pouvoir. Nous avons eu dessein de prendre la fuite nous deux, et de nous aller marier ensemble; mais cette entreprise a fait place à un procédé plus honneste. Je ne prétens point vous voller vostre Fille, et ce n'est que de vostre main que je veux la recevoir. Ce que je vous diray, Monsieur, c'est que je viens tout à l'heure de recevoir des Lettres, par où j'apprens que mon Oncle est mort, et que je suis Héritier de tous ses Biens.

### GÉRONTE

Monsieur, vostre Vertu m'est tout à fait considérable, et je vous donne ma Fille avec la plus grande joye du monde.

### SGANARELLE

La Médecine l'a eschappé belle.

### MARTINE

Puisque tu ne seras point pendu, rens-moy grâce d'estre Médecin, car c'est moy qui t'ay procuré cet Honneur.

### SGANARELLE

Ouy, c'est toy qui m'as procuré je ne sçay combien de coups de baston.

### LÉANDRE

L'effet en est trop beau pour en garder du ressentiment.

### SGANARELLE

Soit. Je te pardonne ces coups de baston en faveur

de la Dignité où tu m'as eslevé ; mais prépare-toy
désormais à vivre dans un grand respect avec un
Homme de ma conséquence, et songe que la Colère
d'un Médecin est plus à craindre qu'on ne peut
croire.

# LE MÉDECIN MALGRÉ L'UY

## EXPLICATION DES PLANCHES

NOTICE. — En-tête. Bande ornementale, composée de tiges de bois liées ensemble à leur rencontre. Au milieu la cabane de Sganarelle; devant la porte, sa femme Martine, portant un marmot sur son bras et accompagnée de deux autres enfants; dans le fond, à droite, Sganarelle, vu de dos, va à la forêt faire des fagots. (Acte I, scène II, p. 14.)

— Lettre G. Dans l'intérieur de la lettre, sur une pierre au pied de laquelle une hache, des brins de fagot et le chapeau pointu du Médecin, la bouteille de Sganarelle; sur sa panse, la chanson : *Qu'ils sont doux, — Bouteille jolie, — Qu'ils sont doux, — Tes jolis glougloux.* Sur le retour du G un enfant nu, le dos et la tête appuyés sur l'une des oreilles de la bouteille, boit dans une fiasque, naturellement plus petite.

— Cul-de-lampe. Sganarelle, sa hache passée dans sa ceinture derrière son dos, est derrière une barrière de bois; il s'y appuie de la main droite en même temps qu'il y pose de la gauche sa bouteille et qu'il se penche pour regarder, avec une certaine inquiétude, les gens qui vont venir lui parler. A terre, derrière lui, un fagot tout fait et lié d'une hart; tout au fond, à droite, sa maison.

FAUX-TITRE. — Dans une vente de forêt, Sganarelle, assis sur une bille de bois et sa hache de bûcheron sous les pieds, serre avec inquiétude contre sa poitrine sa fiasque clissée, qu'il tient de la main droite et qu'il défend de la gauche. Des deux côtés de l'encadrement, composé d'un lacis de lattes de bois découpé, un buste de femme nue, sortant d'un rinceau. Toutes deux le regardent de côté avec malice; il ne se méfie que de celle de droite, alors que celle de gauche le regarde tout aussi moqueusement. — Tous les encadrements des sujets et des lettres sont, comme il convient à une Pièce dont le héros est un *Fagotteux,* composés avec des brins de bois grume.

GRAND TITRE. — L'encadrement est formé de branches de chêne, minces et droites, coupées et assemblées; elles sont agrémentées d'oiseaux et d'autres branches coupées, à feuilles longues. Dans le haut, l'armoirie de Molière et, derrière elle, en sautoir, des brins de fagot, un croissant, la hache du bûcheron et la seringue de l'Apothicaire, qui ont pour fond la robe noire du Médecin; des deux côtés, un singe, assis sur les tiges de l'encadrement. Celui de gauche a la bouteille de Sgnanarelle; celui de droite tient son chapeau de Médecin, dans le fond duquel il regarde curieusement. Au bas, à gauche du cartel qui porte la date de la Pièce, un pigeon et une colombe; à droite un renard. Sur les montants de l'encadrement, quatre petits cadres de bois plat en hauteur, dans chacun desquels Sganarelle à différents moments. Dans le premier il serre sa bouteille contre son cœur en lui disant : *Ah, bouteille, ma mie, — Pourquoi vous videz-vous?* (Acte I, scène v, page 21.) Dans le second, sa bouteille à ses pieds, il tient son bonnet à la main et salue, après avoir été battu : *Ah, ah, Messieurs, je suis tout ce qu'il vous plaira.* (Acte I, scène vi, page 28.) Dans le troisième, il est en robe de Médecin, tient son chapeau pointu de la main gauche et, de la droite, s'essuie le front avec son mouchoir : *Voilà une maladie qui m'a donné bien du mal.* (Acte III, scène vi, page 75.) Dans le quatrième, en robe et le chapeau pointu sur la tête, il compte l'argent que lui a donné Géronte : *Ma foy, cela ne va pas mal.* (Acte II, scène v, page 59.) Au milieu, au-dessous du titre, la bouteille de Sganarelle, pendue à un sarment de vigne, d'où sortent deux brindilles et des grappes de raisin.

CADRE DES PERSONNAGES (p. 2). — Il est formé de quatre minces branches de chêne. En bas, sur la lisière de la forêt, Sganarelle, la hachette à la main, est en train de faire des fagots. Dans le fond, à droite, Martine, devant sa maison, montre à Valère, appuyé sur une haute canne, et à Lucas, qui tient un bâton, son pendard de mari, en leur disant comment il faut s'y prendre avec lui pour le faire convenir qu'il est Médecin. (Acte I, scène IV, p. 18.)

GRANDE PLANCHE. — La consultation. Sganarelle, assis carrément dans un fauteuil et tenant le pouls de Lucinde assise sur une chaise, explique à Géronte, également assis, et qui l'écoute avec admiration, pourquoi sa fille est muette. Dans le fond, debout et le chapeau sur la tête, Valère, avec sa canne, et Lucas, qui tient encore son bâton ; entre Lucinde et Lucas, Jacqueline, qui regarde Sganarelle. (Acte II, scène IV, p. 51.) Sur le mur de la chambre, un tableau de paysage à l'italienne, avec un pont d'une arche, et, sur une colline, les ruines d'un petit temple rond dans le goût de celui de la Sibylle.

ACTE PREMIER. — En-tête. Un cartel avec le titre de la Pièce. A gauche Sganarelle, assis par terre et le dos appuyé contre le cartel, boit à la régalade une gorgée de sa bouteille ; à droite, Valère, le chapeau à la main, lui fait le salut le plus bas et le plus poli du monde ; derrière lui, Lucas, à demi caché derrière le cartel, penche la tête pour apercevoir Sganarelle en même temps que de sa main gauche il tient le bâton révélateur. (Scène V, p. 22.) Sur le haut du cartel est étalée la robe noire du Médecin, avec le chapeau pointu posé sur le collet.

— Lettre N. (Scène I, p. 9.) Sganarelle, le bâton levé, marche sur Martine, qui tâche de se garer tout en l'injuriant : « Bélistre, fripon, maraud, voleur. » Dans les angles du bas de l'encadrement, une poule qui s'éloigne et un coq, la tête haute, chantant son *cocorico*.

— Cul-de-lampe (p. 33). Sganarelle entre Valère et Lucas. Il tend sa bouteille à Valère de la main droite en lui disant : « Tenez cela, vous, voilà où je mets mes juleps » ; de la gauche il montre à Lucas, en lui disant de marcher dessus, le crachat qu'il s'est amusé à lancer par terre. (Scène V, p. 33.) Valère est en costume élégant, Lucas en veste et en culotte rayées.

XVII.                                                   12

ACTE DEUXIÈME. — En-tête; sujet en largeur. L'antichambre de la maison de Géronte; par la porte ouverte on aperçoit la cour et divers bâtiments. Sganarelle, en robe et le chapeau pointu à la main, fait la cour la plus gracieuse à Jacqueline, la nourrice du « petit enfant » qu'a Géronte : « Je voudrois estre le petit poupon fortuné qui têtast le laict de vos bonnes grâces. » Lucas lui met la main sur l'épaule pour calmer ses ardeurs médicales et lui représenter qu'il est le mari de Jacqueline. (Scène II, p. 46.) Sur les côtés du sujet principal, dans les montants de l'encadrement, deux petits sujets en hauteur. A gauche, Sganarelle faisant à coups de bâton Géronte médecin (Scène II, p. 41); à droite Géronte ouvrant sa bourse, et Sganarelle lui tendant la main par derrière tout en disant qu'il ne veut pas être payé. (Scène IV, p. 53.)

— Lettre O. Sganarelle entrant la tête haute. Géronte, le chapeau à la main, lui fait un salut très bas et très respectueux : « Monsieur, je suis ravy de vous voir chez moi. » Derrière eux, Jacqueline et Valère en avant d'une verdure de tapisserie. (Scène II, p. 40.)

— Cul-de-lampe (p. 62). — Une chambre de la maison de Géronte ouverte sur le jardin. Léandre expose son desir et son plan à Sganarelle, qui tient déjà la bourse offerte par l'amoureux : « Ou la malade crèvera, ou elle sera à vous. » (Scène V, p. 62.) A droite et à gauche, la bouteille de Sganarelle suspendue dans l'encadrement.

ACTE TROISIÈME. — En-tête; sujet en largeur. Autre chambre de la maison de Géronte. Sur le devant Lucinde debout, disant à Léandre, en manteau d'Apothicaire élégant, qui lui tient la main et retourne la tête pour voir si Géronte les regarde : « Non, je ne suis point du tout capable de changer de sentimens. » Derrière elle, Jacqueline s'appuyant du bras gauche sur le dossier du fauteuil de la malade et regardant, comme Léandre, du côté de Géronte. Plus au fond, à droite, Sganarelle emmène Géronte et l'étourdit de ses discours pour permettre aux jeunes gens de se parler à l'aise et de se concerter. (Scène VI, p. 74-75.) — Au milieu de chacun des montants de l'encadrement, un médaillon. A gauche, Sganarelle donnant une consultation solennelle sur le cas de la pauvre Perrette à Thibaut, son mari, et à son fils Perrin (Scène II, p. 66); à droite

Sganarelle présentant à Géronte l'Apothicaire qu'il a amené et qui n'est autre que Léandre. (Scène v, p. 73.)

— Lettre I. A gauche de la lettre, Léandre, en manteau d'Apothicaire sur son costume de Cavalier; à droite Sganarelle : « Il suffit de l'habit, et je n'en sçais pas plus que vous. » (Scène I, p. 64.) Dans l'encadrement, les profils de deux masques de comédiens et deux seringues suspendues.

— Cul-de-lampe final (p. 86). — Géronte accordant la main de sa fille à Léandre, qui le remercie en le saluant; derrière eux Lucas et Jacqueline; à droite le groupe de Martine et de Sganarelle : « Mais préparetoy désormais à vivre dans un grand respect avec un Homme de ma conséquence. » (Scène XI, p. 86.)

FIN DE LA TABLE DES ILLUSTRATIONS

Achevé d'imprimer a Évreux

Par Charles Hérissey

Le dix-huit Septembre Mil huit cent quatre-vingt-dix

Pour le compte d'Émile Testard

Éditeur a Paris

A
MOLIERE

1673

A

MOLIERE

1622    1673

www.ingramcontent.com/pod-product-compliance
Lightning Source LLC
Chambersburg PA
CBHW060605100426
42744CB00008B/1318